Disfrute gratuitamente **DURANTE UN AÑO** de los eBook y audiolibros de las obras de Editorial Colex*

⊘ Acceda a la página web de la editorial **www.colex.es**

⊘ Identifíquese con su usuario y contraseña. En caso de no disponer de una cuenta regístrese.

⊘ Acceda en el menú de usuario a la pestaña «Mis códigos» e introduzca el que aparece a continuación:

RASCAR PARA VISUALIZAR EL CÓDIGO

⊘ Una vez se valide el código, aparecerá una ventana de confirmación y su eBook y audiolibro estará disponible **durante 1 año desde su activación** en la pestaña «Mis libros» en el menú de usuario.

---

* Los audiolibros están disponibles en las ediciones más recientes de nuestras obras. Se excluyen expresamente las colecciones «Códigos comentados», «Biblioteca digital» y los productos de www.vademecumlegal.es.

No se admitirá la devolución si el código promocional ha sido manipulado y/o utilizado.

¡Gracias por confiar en nosotros!

La obra que acaba de adquirir incluye de forma gratuita la versión electrónica.

Acceda a nuestra página web para aprovechar todas las funcionalidades de las que dispone en nuestro lector.

Funcionalidades eBook

Acceso desde cualquier dispositivo con conexión a internet

Idéntica visualización a la edición de papel

Navegación intuitiva

Tamaño del texto adaptable

Síguenos en:

UNA INTRODUCCIÓN HISTÓRICA AL DERECHO ESPAÑOL DEL TRABAJO

UNA INTRODUCCIÓN HISTÓRICA AL DERECHO ESPAÑOL DEL TRABAJO

Jesús Martínez Girón
Catedrático de Derecho del Trabajo y de la Seguridad Social
Universidad de A Coruña

Alberto Arufe Varela
Catedrático de Derecho del Trabajo y de la Seguridad Social
Universidad de A Coruña

Xosé Manuel Carril Vázquez
Catedrático de Derecho del Trabajo y de la Seguridad Social
Universidad de A Coruña

Iván Vizcaíno Ramos
Profesor Titular de Derecho del Trabajo y de la Seguridad Social
Universidad de A Coruña

COLEX 2025

© Jesús Martínez Girón
© Alberto Arufe Varela
© Xosé Manuel Carril Vázquez
© Iván Vizcaíno Ramos

© Editorial Colex, S.L.
Calle Costa Rica, número 5, 3.º B (local comercial)
A Coruña, C.P. 15004
info@colex.es
www.colex.es

I.S.B.N.: 979-13-7011-356-8
Depósito legal: C 1447-2025
DOI: https://doi.org/10.69592/979-13-7011-356-8

SUMARIO

PRÓLOGO

TEMA 1
LA HISTORIA DE LA CIENCIA ESPAÑOLA DEL DERECHO DEL TRABAJO

TEMA 2
EL ARRENDAMIENTO DE SERVICIOS EN LA HISTORIA

TEMA 3
LA CUESTIÓN SOCIAL, LA PRIMERA LEGISLACIÓN OBRERA
Y LA POSTERIOR LEGISLACIÓN LABORAL PREESTATUTARIA

TEMA 4
EL MOVIMIENTO OBRERO

TEMA 5
LA HISTORIA DE LA INTERNACIONALIZACIÓN,
CONSTITUCIONALIZACIÓN Y EUROPEIZACIÓN
DEL DERECHO ESPAÑOL DEL TRABAJO

ÍNDICE TÓPICO

PRÓLOGO

El embrión de este nuevo manual histórico nuestro se encuentra en el viejo manual de la disciplina que tres de nosotros cuatro utilizábamos para explicar Derecho del Trabajo en nuestra Facultad coruñesa de Derecho, mientras estuvo vigente el plan de estudios (viejísimo, más que meramente viejo) del año 1953, todavía no estructurado por créditos. Hemos rescatado ese embrión y lo hemos hecho crecer, con la finalidad de que pueda utilizarse ahora como herramienta docente, no sólo en nuestra Facultad de Derecho, sino también en la Facultad de Ciencias del Trabajo de nuestra Universidad, radicada en su campus de Ferrol (donde se imparte incluso una disciplina histórica pura, que es la asignatura Historia Social del Trabajo). Como es lógico, aprovechamos nuestras propias investigaciones históricas posteriores al viejo manual de Derecho del Trabajo citado, pero también la experiencia docente e investigadora de un nuevo y cuarto coautor, nuestro colega Iván Vizcaíno Ramos, conocedor en profundidad del Grado que se imparte en la citada Facultad ferrolana de Ciencias del Trabajo. Confiamos en que pueda resultar útil no sólo a nuestros estudiantes, sino también a jóvenes profesores de la disciplina genérica que todos impartimos, al facilitarles dentro de un plan sistemático claro el manejo de fuentes de conocimiento sobre muy diversas instituciones jurídico-laborales, hoy de difícil acceso, quizá por tratarse de fuentes olvidadas en buena medida, así como dadas por sabidas (aunque no lo sean en absoluto), en la actualidad. Queremos agradecer a la prestigiosa editorial coruñesa Colex todas las facilidades que nos dio, que han sido muchas, para que pudiésemos hacer realidad este nuevo empeño docente nuestro.

Los Autores

A Coruña, septiembre de 2025

TEMA 1

LA HISTORIA DE LA CIENCIA ESPAÑOLA DEL DERECHO DEL TRABAJO

Sumario: §1. Ciencia y docencia del Derecho del Trabajo. **§2.** La etapa de nacimiento. **§3.** La etapa de consolidación. **§4.** La etapa de expansión. **§5.** Los porqués de su nacimiento contemporáneo.

§1. Si se acepta que la ciencia es un cuerpo de doctrina relativo a una rama concreta del saber humano, resulta entonces obligado concluir que la ciencia española del Derecho del Trabajo **nació en el siglo XX**, y no antes[1]; y además, que se trata de una ciencia indisolublemente **ligada a la**

---

1 Evidentemente, la obra aislada o *unicum* no constituye ningún «cuerpo de doctrina». Tal es el caso, por ejemplo, de Juan Moneva y Puyol, *Derecho Obrero*, Oficina Tipográfica de Mariano Salas (Zaragoza, 1895), 384 y XX págs.; autor éste presumiblemente clérigo (el libro en cuestión posee incluso el *imprimatur* de cierto «Vicario Capitular») y luego Catedrático de Derecho Canónico de la Universidad de Zaragoza, cuyo propósito era jalear la encíclica «Rerum Novarum» (1891) de León XIII, sobre la situación de los obreros, a lo que expresamente alude, indicando que escribía el libro «con sobrada osadía ..., por no dejar a un lado en nuestros estudios una cuestión que, por Supremo Magisterio, ha sido declarada la más digna de ejercitar la inteligencia de los hombres» (pág. 10).

docencia del Derecho del Trabajo en nuestro país[2]. En la evolución de la ciencia española del Derecho del Trabajo, cabe distinguir **tres etapas** perfectamente diferenciadas, todas ellas muy condicionadas por los avatares de la docencia del Derecho del Trabajo en España. Estas tres etapas son la de su nacimiento, la de su consolidación y, por último, la de su expansión.

En Francia —cuya cultura se consideró tradicionalmente el referente a imitar en España, al menos hasta la Primera Guerra Mundial («¡Las novedades vienen de París!», según se decía por aquel entonces)—, ocurrió también algo similar, pues la normalización de la asignatura denominada «Legislación Industrial» en el plan de estudios de las Facultades de Derecho francesas, cosa que sucedió en 1905 (antes, en 1889, había aparecido como optativa semestral)[3], provocó con naturalidad que comenzasen a publicarse manuales en dicho país, con el mismo título de la asignatura universitaria en cuestión[4].

---

2   Sobre bibliografía iuslaboralista antigua, imprescindible, véase Luis Enrique DE LA VILLA GIL, *La Formación Histórica del Derecho Español del Trabajo*, Comares (Granada, 2003), págs. 123-134, 275-284 y 405-421.

3   Este dato en Paul DURAND y Robert JAUSSAUD, *Traité de Droit du Travail*, t. I, Dalloz (París, 1947), pág. VII.

4   *Cfr.*, por ejemplo, Georges BRY, *Cours Elémentaire de Législation Industrielle. Lois du travail et de la prévoyance sociale. Questions ouvrières*, 5.ª ed., Sirey (París, 1912), 810 págs., que firma, entre otras cosas, como «encargado del curso de Legislación Industrial» en la Facultad de Derecho de la Universidad de Aix-Marsella; Barthélemy RAYNAUD, *Manuel de Législation Industrielle*, E. de Boccard (París, 1922), 427 págs., en el que se afirma que «este curso ha sido profesado en la Facultad de Derecho de la Universidad de Aix-Marsella durante los tres años escolares 1919-1920, 1920-21 y 1921-22» (pág. V); Georges SCELLE, *Précis Elémentaire de Législation Industrielle*, Sirey (París, 1927), 361 págs., confesando que se trata de un libro «destinado a estudiantes» de la Facultad de Derecho de la Universidad de Dijon (pág. V); y Paul PIC, *Traité Elémentaire de Législation Industrielle. Les lois ouvrières*, 6.ª ed., Rousseau & Cie. (París, 1931), 1106 págs., firmado en su condición de «Profesor de Legislación Industrial en la Facultad de Derecho de la Universidad de Lyon».

§2. La etapa de **nacimiento** comprende desde la Dictadura de Primo de Rivera hasta el final de la Segunda República, esto es, desde mediados de la década de los años veinte del siglo pasado hasta 1936.

Resulta significativo que la expresión «Derecho del Trabajo» aparezca ya utilizada en la exposición de motivos del Real Decreto-ley de 23 agosto 1926, aprobando el Código del Trabajo —sin duda, una de las normas laborales estelares del momento—, en la que se indicaba, literalmente, que «el Código no abarca todo el *derecho del trabajo*: es, por lo tanto, parcial, como sus congéneres».

Es una etapa marcada por la puesta en funcionamiento de las entonces denominadas **Escuelas Sociales**[5], cuya creación se produjo durante la Dictadura de Primo de Rivera, a iniciativa del Subsecretario y luego Ministro de Trabajo Eduardo Aunos Perez[6]. Estas Escuelas Sociales fueron originariamente **seis**: la de Madrid, creada en 1925[7], las de Barcelona, Valencia, Zaragoza y Granada, creadas en 1929[8], y la de Sevilla, creada en 1930[9]. Eran centros de enseñanza superior pero de carácter no universitario, pues dependían del Ministerio de Trabajo, e impartían el título profesional (tempranamente llamado «diploma») de «Graduado Social»[10]. Lógicamente, los profesores de estas Escuelas Sociales, al efecto de servir mejor la docencia sobre temas jurídico-laborales que

---

5   Al respecto, véase Jesús Martínez Girón, «Los estudios sociales en la ciudad de Ferrol», *Anuario da Facultade de Dereito da Universidade da Coruña*, vol. 9 (2005), págs. 1095 y ss.

6   Entre sus libros, propagandísticos de la legislación por él mismo preconizada, destacan *Las Corporaciones de Trabajo en el Estado moderno*, Juan Ortiz ed. (Madrid, 1928); y *Estudios de Derecho Corporativo*, Reus (Madrid, 1930).

7   Por Real Decreto-ley de 17 agosto 1925.

8   Por Reales Ordenes de 26 febrero y 18 junio 1929, las dos primeras, y por Reales Ordenes de 14 septiembre 1929, las dos últimas.

9   Por Real Orden de 12 noviembre 1930.

10 *Cfr.* Real Decreto de 19 octubre 1930, por el que se transforma el Servicio de Cultura Social del Ministerio de Trabajo y Previsión en un Instituto con propia personalidad y se regulan las enseñanzas en las Escuelas Sociales.

tenían encomendada, comenzaron a publicar artículos de revista, monografías y manuales relativos a las asignaturas que impartían. Y estas obras constituyen el **primer cuerpo de doctrina** habido en España sobre lo que convencionalmente llamamos hoy «Derecho del Trabajo»[11].

De entre estos profesores laboralistas de Escuelas Sociales de la época, cabe recordar especialmente algunos nombres ilustres[12]. Así, José Castán Tobeñas, Catedrático de Derecho Civil y profesor de la Escuela Social de Valencia, que publicó en 1929 una obra significativamente titulada «El Derecho Laboral (Apuntes para su construcción científica)»[13]. También, Carlos García Oviedo, Catedrático de Derecho Administrativo y

---

11 La aparición de este primer «cuerpo de doctrina» estimuló la publicación de obras generales sobre nuestra disciplina, pero creadas al margen de la docencia impartida en las Escuelas Sociales, y concebidas, bien con finalidad igualmente docente (*cfr.*, por ejemplo, Constancio Bernaldo de Quiros, *Derecho Social*, Reus [Madrid, 1932], 176 págs., que firma como «Jefe del Servicio de Política Social del Ministerio de Trabajo y Previsión», y constando su utilidad como temario de oposiciones a los cuerpos de funcionarios del propio Ministerio; José Manuel Álvarez, *Derecho Obrero*, Reus [Madrid, 1933], 378 págs., que firma como «Profesor de la asignatura en la Escuela Elemental de Trabajo de Oviedo»; o Pablo Callejo de la Cuesta, *Derecho Social*, Librería General de Victoriano Suárez [Madrid, 1935], 332 págs., orientado a responder «el programa de oposiciones a la judicatura»), bien con una finalidad confesada meramente práctica (en el caso, por ejemplo, de Juan De Hinojosa Ferrer, *El enjuiciamiento en el Derecho del Trabajo*, Ed. Revista de Derecho Privado [Madrid, 1933], 308 págs., que era Juez de 1.ª Instancia e hijo del catedrático de Historia del Derecho Eduardo De Hinojosa).

12 *Cfr.*, además, León Martín-Granizo y Mariano Gonzalez-Rothvoss, *Derecho Social*, 2.ª edición, Reus (Madrid, 1932), 399 págs., profesores ambos de la Escuela Social de Madrid; y Alfonso Madrid, *Derecho Laboral Español*, Ed. Victoriano Suárez (Madrid, 1936), 380 págs., del que sólo consta su condición de «abogado», aunque no deja de resultar significativo que en este libro afirme que «en el momento actual se encuentran suprimidas las Escuelas Sociales por D. de 30 de octubre de 1935 habiendo sido sustituidas (¿hasta cuándo?) por una sola Escuela de Enseñanzas Sociales en Madrid, donde se admite la enseñanza libre para todos los nacionales, cualquiera que sea su residencia» (pág. 345).

13 *Revista Laboral*, núm. 3 (1929), págs. 37-43, concluyendo —a propósito de «La cuestión de la autonomía del derecho laboral»— que «hoy por hoy, es un hecho indudable que la reglamentación del trabajo se desenvuelve completamente fuera de las clásicas estructuras del derecho privado» (pág. 42).

profesor de la Escuela Social de Sevilla, que publicó en 1934 unas «Consideraciones jurídicas acerca del Derecho del Trabajo»[14], anticipo parcial de su *Tratado Elemental de Derecho Social*, cuya 1.ª edición se publicó en Madrid, también el propio año 1934[15]. Y por último, Alejandro GALLART FOLCH, profesor de la Escuela Social de Barcelona, autor de alguna espléndida monografía que todavía conserva intacto buena parte de su interés doctrinal[16], y sobre todo del mejor manual de Derecho del Trabajo de aquel momento, titulado *Derecho Español del Trabajo*, publicado en Barcelona en 1936[17].

En las Universidades españolas de la época no se enseñaba todavía Derecho del Trabajo, aunque **en la Universidad Central** (que era como entonces se llamaba la Universidad de Madrid) **se creó el embrión de nuestra disciplina universitaria**, en 1916. Este embrión fue la asignatura de «Política Social y Legislación Comparada del Trabajo», impartida en el programa de doctorado en la Facultad de Derecho de dicha Universidad. El primer (y único) catedrático de esta nueva asignatura universitaria fue Luis OLARIAGA PUJANA, nombrado en 1917[18].

En las oposiciones en que obtuvo su cátedra, presentó un «programa» de la asignatura (integrado por 61 lecciones), a calificar de una modernidad

---

14   *Revista General de Legislación y Jurisprudencia*, t. 164-núm. 1, págs. 5-35, afirmando que se trata de «un derecho obrero propiamente dicho» (pág. 12), de «un Derecho tutelar» (pág. 16), de «un Derecho público» (pág. 17) y de «un Derecho social» (pág. 18).

15   Ed. Victoriano Suárez, 795 págs. Según José CASTÁN, «tiene este Tratado el indudable mérito de constituir el primer ensayo de libro sistemático sobre una disciplina que cuenta ya en el extranjero con copiosa literatura» (*cfr.* su recensión del mismo en *Revista de Derecho Privado*, núm. 266 [1935], pág. 413).

16   Por ejemplo, su libro *Las convenciones colectivas de condiciones de trabajo en la doctrina y en las legislaciones extranjeras y española*, Bosch (Barcelona, 1932), 311 págs.

17   Ed. Labor, SA, 431 págs.

18   Sobre esto y, en general, sobre lo que sigue, véase Alberto ARUFE VARELA y Jesús MARTÍNEZ GIRÓN, *Los catedráticos españoles de Derecho del Trabajo (1917-2024). Una visión genealógica*, Laborum (Murcia, 2025).

«laboral» incuestionable[19]. Sobre la trascendencia del doctorado, hay que tener en cuenta que el título de doctor siempre fue requisito imprescindible para poder concursar a oposiciones a cátedras. Este hecho explica que dicho catedrático fuese profesor, precisamente en el programa de doctorado de la Facultad de Derecho de la Universidad Central, de los dos primeros catedráticos universitarios españoles de nuestra disciplina en sentido estricto moderno.

§3. La segunda etapa, que es la etapa de **consolidación** de nuestra ciencia, comprende en términos generales desde 1944 hasta 1983, y viene a coincidir prácticamente en su integridad con el franquismo y la transición política inmediatamente subsiguiente a dicho régimen. Es una etapa marcada por un acontecimiento trascendental para nosotros, que fue la incorporación del Derecho del Trabajo a la enseñanza propiamente universitaria[20]. En efecto, en 1944 se produjo

---

19 Como botón de muestra, cabe indicar que la lecciones 38 a 42 de dicho «programa» contenían, entre otros, los siguientes subepígrafes: «1) «Moderna concepción del contrato de trabajo; su problema; su esfera de aplicación; definición del contrato de trabajo; el contrato de trabajo considerado como contrato; su diferencia del mandato; el contrato de trabajo como contrato mutuo; su diferencia con la prestación de trabajo gratis contractual y con la prestación de trabajo retribuido no contractual; su diferencia con el contrato de sociedad, con el de compraventa, con el de alquiler o arrendamiento, y con el de cesión de uso»; 2) «Contenido del contrato de trabajo; contenido esencial y contenido inesencial; los dos elementos del contenido esencial; la promesa de trabajo; la promesa expresa y tácita; el trabajo como objeto posible del contrato; consideración del aprendizaje; dirección del trabajo; ejecución del trabajo; recepción del trabajo; quienes pueden recibirlo; exigencias negativas del trabajo; trabajo ilegal, trabajo inmoral»; y 3) «El contrato colectivo de trabajo: sus [sic] esencia y su finalidad social; su importancia económica y jurídica; historia de su desenvolvimiento; factores económicos y jurídicos que lo han posibilitado; contenido del contrato colectivo de trabajo; limitaciones; forma del contrato; partes contratantes; del lado patronal; del lado obrero; diferencia entre el contrato colectivo y la ordenanza del trabajo; la coligación en el contrato colectivo».

20 Ya en 1932 se jaleaba «la necesidad, que estimo apremiante, de incluir en la carrera de Derecho una asignatura que estudie el aspecto jurídico de la llamada cuestión social, o más concretamente dicho, el derecho corporativo y del trabajo» (*cfr*. Miguel Royo Martínez, «Una innovación

la **inclusión** de una asignatura con ese mismo nombre **en el plan de estudios de las Facultades de Derecho** españolas[21]. Esta inclusión se consolidó definitivamente al aprobarse el plan de estudios de 1953, que ubicó la asignatura «Derecho del Trabajo» en el cuarto curso de la Licenciatura en Derecho[22]. Este viejo plan de estudios estuvo vigente en algunas Facultades de Derecho —como la nuestra de A Coruña— hasta la implantación del nuevo «Plan Bolonia», pero ya en el siglo XXI.

En 1965 se autorizaron planes «especiales», distintos del general, en las Facultades de Derecho de Sevilla y Valencia[23], que multiplicaron la docencia en ellas del Derecho del Trabajo, al desdoblarla en «Parte general y contratos de trabajo», asignatura de carácter común impartida en tercer curso, y «Seguridad Social» y «Derecho Sindical», asignaturas de iniciación a la especialización impartidas en cuarto o quinto cursos[24].

Lógicamente, esta incorporación del Derecho del Trabajo a la Universidad provocó la **aparición de iuslaboralis-**

---

necesaria en la carrera de Derecho», *Revista General de Legislación y Jurisprudencia*, t. CLXI [1932], pág. 754). Según José Castán Tobeñas, «El Derecho Social. En torno a los diversos criterios de definición y valoración de esta nueva categoría jurídica», *Revista General de Legislación y Jurisprudencia*, t. 169-núm. 6 (1941), pág. 537, «hoy por hoy no figura en el cuadro de enseñanzas de la Licenciatura, en las Facultades de Derecho, el estudio del Derecho del Trabajo, y sólo hay, en el Doctorado, una cátedra de *Política social y legislación comparada del trabajo* de escasa eficacia por su contenido extensísimo».

21 Por Decreto de 7 julio de dicho año, de ordenación de la Facultad de Derecho.

22 *Cfr.* Decreto de 11 agosto de dicho año (artículo 10).

23 *Cfr.* Orden Ministerial de 13 agosto de dicho año.

24 Para más detalles, véanse Resoluciones de la Dirección General de Enseñanza Universitaria de 16 octubre 1967 y 11 enero 1968, aprobando los cursos cuarto y quinto de los planes de estudios de las Facultades de Derecho de las Universidades de Sevilla y Valencia, respectivamente. Sobre el tema, Manuel Ramón Alarcon Caracuel, «Derecho del Trabajo y de la Seguridad Social», en el Vol. *La enseñanza del Derecho en España*, Tecnos (Madrid, 1987), págs. 206 y ss.

tas universitarios, siendo Eugenio Perez Botija, catedrático de la Universidad de Madrid, el primer catedrático español de Derecho del Trabajo en sentido estricto moderno, aunque en la Facultad de Ciencias Políticas y Económicas de dicha Universidad[25]. Provocó, también, que comenzase a investigarse el Derecho del Trabajo con instrumentos típicamente universitarios, como son las tesis doctorales. A este respecto, la primera tesis doctoral publicada en España sobre temas jurídico-laborales, en 1953, fue la de Manuel Alonso Olea.

Las primeras seis hornadas de oposiciones a cátedras universitarias de Derecho del Trabajo en nuestras Facultades de Derecho tuvieron lugar en 1956, 1958, 1962, 1969 (dos) y 1970. En la de 1956, Gaspar Bayón Chacón ganó la cátedra en la Facultad de Derecho de la Universidad de Madrid. En la de 1958, Manuel Alonso Olea la de la Universidad de Sevilla (luego permutada por la de Murcia, para acabar profesando definitivamente en la segunda cátedra de la Facultad de Derecho de la Universidad de Madrid), y Manuel Alonso García la de la Universidad de Barcelona. En la de 1962, Efrén Borrajo Dacruz la de la Universidad de Valencia (luego obtuvo la de la Facultad de Ciencias Políticas y Económicas de la Universidad de Madrid, vacante tras el fallecimiento de su primer titular), y Miguel Rodríguez-Piñero Bravo-Ferrer la de la Universidad de Murcia (que permutó luego por la de Sevilla). En la primera de 1969, Luis Enrique De la Villa Gil la de la Universidad de Valencia, Fernando Suárez González la de la Universidad de Oviedo, Alfredo Montoya Melgar la de la Universidad de Murcia, y José Cabrera Bazán la de la Universidad de Santiago de Compostela, mientras que en la segunda de dicho año, Juan Rivero Lamas la de la Universidad de Zaragoza. En la de 1970, Bernardo María Cremades

---

25 Por Decreto de 7 julio 1944, de ordenación de la Facultad de Ciencias Políticas y Económicas, se había dotado en dicha Facultad de la Universidad de Madrid una cátedra «de Política Social y Derecho del Trabajo» (artículo 56). Eugenio Perez Botija era originariamente administrativista, habiendo ganado en 1940 la cátedra de Derecho Administrativo de la Universidad de Murcia.

SANZ-PASTOR obtuvo la de la Universidad de Málaga (luego permutada por la de la Universidad de Santiago de Compostela)[26].

Tras la creación en 1965 del nuevo cuerpo de profesores agregados de universidad, resultaba imprescindible tener esta condición para poder concursar a cátedras. Doce de tales profesores ganaron en la época sus respectivas cátedras universitarias. Fueron José VIDA SORIA (1970), José Manuel ALMANSA PASTOR (1975), Gonzalo DIÉGUEZ CUERVO (1977), Antonio MARTÍN VALVERDE (1977), Juan Antonio SAGARDOY BENGOECHEA (1979), Jaime MONTALVO CORREA (1979), Manuel Carlos PALOMEQUE LÓPEZ (1981), Federico DURÁN LÓPEZ (1981), Jesús María GALIANA MORENO (1981), Tomás SALA FRANCO (1981), Fernando VALDÉS DAL-RE (1981) y Juan Manuel RAMÍREZ MARTÍNEZ (1981)[27].

La tesis doctoral citada de Manuel ALONSO OLEA, de una modernidad que debió sorprender en su época, trataba de «La configuración de los sindicatos norteamericanos»[28], y fue juzgada, según se hace constar en ella, por un tribunal «formado por los Catedráticos señores GUASP, GASCÓN Y MARÍN, JORDANA, MALDONADO Y CONDE».

Y provocó, sobre todo, el que se formase un **sólido cuerpo de doctrina científica iuslaboralista hecha en la Universidad**. Este cuerpo de doctrina estaba integrado por manuales, monografías y estudios de todo tipo (incluidas traducciones al castellano de grandes manuales extranjeros universitarios). Como es lógico, la nueva doctrina científica laboralista universitaria acabó imponiéndose a la doctrina laboralista que continuaba haciéndose todavía en las Escuelas Sociales[29].

---

26   Respecto de todo ello, véase Alberto ARUFE VARELA y Jesús MARTÍNEZ GIRÓN, *Los catedráticos españoles de Derecho del Trabajo (1917-2024). Una visión genealógica*, Laborum (Murcia, 2025), págs. 135 y ss.

27   *Ibidem*, págs. 149 y ss.

28   En *Revista de Estudios Políticos*, núm. 70 (1953), págs. 107-151, y núm. 71 (1953), págs. 41-92.

29   En cuanto a los manuales, véase Antonio DE AGUINAGA TELLERÍA, *Teoría del Derecho del Trabajo*, Conceptos fundamentales (Madrid, 1954), 147 págs., que firma como «Doctor en Derecho, Graduado Social, Inspector General Técnico de Trabajo, Profesor de la Escuela Social de Madrid y del Real Colegio de Estudios Superiores de

En cuanto a los manuales, marcó las diferencias universitarias en su día el de Eugenio Perez Botija, *Curso de Derecho del Trabajo*, 1.ª edición de 1948[30]; y luego, Eugenio Perez Botija y Gaspar Bayon Chacon, *Manual de Derecho del Trabajo*, 1.ª edición (en dos volúmenes) de 1957-1958[31]. Y por supuesto —rompedor y ordenador—, el de Manuel Alonso Olea, *Instituciones de seguridad social*, 1.ª edición de 1959[32]. Monografías de la época sobre las que no pasa el tiempo, por ejemplo, son las dos (ambas poli-editadas) de Manuel Alonso Olea, sobre *Pactos colectivos y contratos de grupo*, de 1955[33], y sobre *La materia contenciosa laboral: extensión y límites de la jurisdicción de trabajo*, de 1959[34].

La traducción más célebre realizada en aquel momento de un manual extranjero fue la del *Grundriβ* de los catedráticos alemanes Alfred Hueck y Hans Carl

---

María Cristina de El Escorial»; y Miguel Hernáinz Márquez, *Tratado elemental de Derecho del Trabajo*, 7.ª edición, Instituto de Estudios Políticos (Madrid, 1955), 957 págs., que firma como Inspector Fiscal, Magistrado de Trabajo y profesor de la Escuela Social de Granada. Monografía que aún resulta útil es la de Mariano Ucelay Repollés, *Previsión y seguros sociales*, Gráficas González (Madrid, 1955), 713 págs., también profesor de la Escuela Social de Madrid.

30 Tecnos, Madrid, 548 págs. Según Manuel Alonso Olea, «La personalidad científica de Eugenio Pérez Botija», en el vol. *Estudios en memoria del profesor Eugenio Pérez Botija*, t. I, Instituto de Estudios Políticos (Madrid, 1970), se trata de su «obra básica», en la que «está el germen de nuestra disciplina científicamente concebida», visto que en ella se «superó el dilema de si el Derecho del Trabajo era un Derecho público o un Derecho privado» y, además, porque «en este libro es donde se da el salto desde la Política Social al Derecho Positivo» (págs. 46-47). El *Curso* en cuestión llegó a alcanzar una 6.ª edición, Tecnos (Madrid, 1960), 608 págs.

31 Librería General de Victoriano Suárez, Madrid, 836 págs. Este *Manual* llegó a alcanzar una 12.ª edición (revisada y puesta al día por Fernando Valdes Dal-Re), Marcial Pons (Madrid, 1978-1979).

32 Instituto de Estudios Políticos, Madrid, 262 págs.

33 Instituto de Estudios Políticos, Madrid, 213 págs. En el libro «se hace constar que este trabajo, una primera versión del cual fue escrito y presentado para oposiciones a Cátedra de Universidad, se publica al amparo de la Orden del Ministerio de Educación Nacional de 8 de octubre de 1954, transcurrido el tiempo y cumplidos los requisitos establecidos en la misma» (pág. 12). Esta monografía fue reeditada en 2000.

34 Instituto García Oviedo, Sevilla, 161 págs. Esta monografía fue reeditada en 1967.

NIPPERDEY, publicada en 1963 por Miguel RODRÍGUEZ-PIÑERO Y BRAVO-FERRER y Luis Enrique DE LA VILLA GIL[35]. La más lúcida reflexión crítica hecha pública en la propia época sobre bibliografía iuslaboralista española y extranjera, aparece contenida en Manuel ALONSO OLEA, *Introducción al Derecho del Trabajo*, 1.ª edición de 1962[36], en la que se afirma que «los antecedentes inmediatos de este libro, si de tales puede hablarse, están en los estudios sobre concepto, método y fuentes del Derecho del Trabajo que hube de escribir para las oposiciones a cátedras de la disciplina»[37].

§4. La etapa de **expansión** es la etapa inmediatamente anterior a la actual, y comienza con la promulgación de la Ley Orgánica 11/1983, de 25 agosto, de Reforma Universitaria (popularmente llamada LRU), concluyendo con la derogación de esta última por la Ley Orgánica 6/2001, de 21 diciembre, de Universidades (popularmente llamada LOU), cuya promulgación abrió una nueva etapa, al posibilitar la existencia —toda una revolución— de profesores universitarios con contrato de trabajo. Es una etapa caracterizada por el crecimiento sin precedentes del cuerpo de doctrina universitaria relativo a temas jurídico-laborales y de Seguridad Social. Se trata de un fenómeno estimulado y posibilitado por cierto tipo de condicionamientos.

En materia de revistas especializadas nuestras de ámbito nacional, baste indicar —frente a la etapa inmediatamente anterior, de consolidación— que se cuadruplicó su número en esta etapa de expansión, habiéndose pasado de las sólo tres tradicionales (*Revista de Trabajo, Revista de Derecho del Trabajo* y *Revista de Política Social*) a la existencia de más de una decena

---

35 Sobre ella, véase Luis Enrique DE LA VILLA GIL y Miguel RODRÍGUEZ-PIÑERO Y BRAVO-FERRER, «Historia de una traducción: del *Grundriß des Arbeitsrechts* (1962) al *Compendio de Derecho del Trabajo* (1963)», *Trabajo y Derecho*, número 100 (2023), págs. 1 y ss.

36 Editorial Revista de Derecho Privado, Madrid, 194 págs.

37 Págs. 1-2. La citada «selección bibliográfica» crítica (con referencias, aparte de a España y a lo que denomina bibliografía «internacional», también a Hispanoamérica, Francia, Italia, Alemania, Gran Bretaña, Estados Unidos e, incluso, Rusia), en págs. 179-194.

de ellas (*Revista Española de Derecho del Trabajo, Actualidad Laboral, Relaciones Laborales, Documentación Laboral, Temas Laborales, Tribuna Social, Aranzadi Social, Revista de Derecho Social, Justicia Laboral, Revista de Trabajo y Seguridad Social*, etc.). Este crecimiento espectacular explica asimismo la necesidad actual, en tantos casos, de realizar los manuales de la disciplina precisamente en coautoría[38], resultando prueba elocuente de ello, por ejemplo, el fundamental *Derecho del Trabajo* de Manuel ALONSO OLEA, cuya 1.ª edición apareció en 1971[39], pero publicado desde la *Actualización* a la 11.ª edición de 1990 en coautoría con María Emilia CASAS BAAMONDE[40].

Hoy, además, ya no resulta ningún hecho insólito la cita de doctrina científica iuslaboralista con nombres y apellidos por parte de la jurisprudencia laboral, aunque sólo en la creada por las Salas de lo Social de los Tribunales Superiores de Justicia autonómicos[41]. Todo ello, a diferencia de lo que ocurría en la etapa anterior de consolidación. En ella, cabe mencionar aparentemente sólo una sentencia de 1968 con cita nominal de un autor (argentino, para mayor sorpresa)[42].

---

38 Una excepción clásica, por su carácter omnicomprensivo, su pedagogía extrema y sobre todo por su autoría tenazmente individual, es Alfredo MONTOYA MELGAR, *Derecho del Trabajo*, 45.ª ed., Tecnos (Madrid, 2024), 944 págs.

39 Sección de Publicaciones de la Facultad de Derecho de la Universidad de Madrid, 585 págs.

40 *Cfr.* luego Manuel ALONSO OLEA y M.ª Emilia CASAS BAAMONDE, *Derecho del Trabajo*, 26.ª edición, Civitas (Madrid, 2009), 1400 págs.

41 Acerca del tema, Manuel ALONSO OLEA, *Introducción al Derecho del Trabajo*, 6.ª edición, Civitas (Madrid, 2002), pág. 28, nota 19, escribió con toda su autoridad lo siguiente: «En realidad la ignorancia mutua es fingida; pero los serios de ambos gremios la mantendrán, y harán bien, mientras por ambos no se abandone el silencio, y pasen a citarse nominativamente —la cita impersonal, la *jurisprudencia* es muy frecuente en la doctrina; la *doctrina* siempre impersonal en la jurisprudencia lo es mucho menos— en sus sentencias los unos, en sus libros los otros. Entre tanto son el Juez y el Magistrado los que en general se condenan a ser desconocidos *qua* juristas». También, Jesús MARTÍNEZ GIRÓN, «La cita nominal de doctrina científica por la jurisprudencia laboral. Un estudio de Derecho comparado», *Revista Española de Derecho del Trabajo*, núm. 150 (2011), págs. 333 y ss.

42 Se trataba de TISSEMBAUM, expresamente citado en una Sentencia del Tribunal Central de Trabajo de 13 febrero 1968 (*Información Laboral*

Como es lógico, dicho crecimiento está **cuantitativamente** condicionado por el fenómeno de la creación de nuevas Universidades públicas españolas —en las que acabaron integrándose las viejas Escuelas Sociales, que pasaron a llamarse Escuelas Universitarias de Relaciones Laborales[43]—, pues a partir de 1983 casi se duplicó su número hasta llegar a ser 48, siempre en esta etapa de expansión, con la lógica dotación de las correspondientes plazas de profesores universitarios funcionarios y, entre ellos, los encargados de la docencia en lo que pasaría a denominarse legalmente como área de conocimiento de «Derecho del Trabajo y de la Seguridad Social»[44].

En los nuevos planes de estudios universitarios estructurados por créditos, se adscribieron exclusivamente a esta área de conocimiento, en la Licenciatura en Derecho, la materia troncal «Derecho del Trabajo y de la Seguridad Social» (con 7 créditos)[45]; y entre otras varias Diplomaturas y Licenciaturas, en la Diplomatura en Relaciones Laborales, las materias troncales «Derecho del Trabajo» (con 12 créditos) «Derecho de la Seguridad Social» (con 10 créditos) y «Derecho sindical» (con 10 créditos)[46].

Pero se trata, también, de un crecimiento **cualitativamente** condicionado por el peculiar sistema de acceso a los cuer-

---

[Ed. Lex Nova] de 1968, referencia 997), a propósito de la distinción dogmática entre conflictos individuales y colectivos.

43   El proceso lo inició el Real Decreto 1524/1986, de 13 junio, por el que se dispuso la incorporación a la Universidad de las enseñanzas de Graduado Social.

44   *Cfr.* Anexo («Catálogo de áreas de conocimiento») del Real Decreto 1888/1984, de 26 septiembre, por el que se regulan los concursos para la provisión de plazas de los cuerpos docentes universitarios.

45   *Cfr.* Real Decreto 1424/1990, de 26 octubre, por el que se establece el título universitario oficial de Licenciado en Derecho y las directrices generales propias de los planes de estudios conducentes a la obtención de aquél, parcialmente modificado por Real Decreto 1561/1997, de 10 octubre, y por Real Decreto 861/2001, de 20 julio.

46   *Cfr.* Real Decreto 1429/1990, de 26 octubre, por el que se establece el título universitario oficial de Diplomado en Relaciones Laborales y las directrices generales propias de los planes de estudios conducentes a la obtención de aquél.

pos estatales de profesorado universitario funcionario, pues desde 1983 lo que tradicionalmente más vino pesando para el acceso en las áreas de conocimiento jurídicas a los cuerpos estatales de profesores universitarios doctores —esto es, catedráticos de universidad, profesores titulares de universidad y catedráticos de escuela universitaria— era la trayectoria investigadora, materializada en publicaciones científicas actuales y potenciales, de los eventuales aspirantes.

Acentúan igualmente este factor cualitativo los popularmente llamados «sexenios» —a través de los cuales se certifica oficialmente la calidad de la actividad investigadora realizada (y en las áreas de conocimiento jurídicas, publicada) durante el período de seis años de que se trate—, que comenzaron siendo un mero complemento retributivo, pero que han acabado convirtiéndose —tras la citada LOU— en verdadero elemento de jerarquización del profesorado universitario.

Esta jerarquización la prueba el hecho de que sólo los profesores con un número mínimo de «sexenios» pudiesen involucrarse en actos trascendentales de gestión universitaria, como la dirección de tesis doctorales o la integración de comisiones juzgadoras de plazas de profesores universitarios funcionarios.

En esta etapa de expansión, ingresaron 51 nuevos catedráticos en el cuerpo de catedráticos de Universidad. Los tres primeros, nombrados en 1983 al amparo de la citada LRU, fueron Fermín RODRÍGUEZ-SAÑUDO GUTIÉRREZ, Antonio OJEDA AVILÉS y Maria Emilia CASAS BAAMONDE (primera mujer nombrada catedrática de Derecho del Trabajo). El último fue Faustino CAVAS MARTÍNEZ, en 2004[47].

§5. Para concluir, alguna explicación debe darse acerca del **porqué del nacimiento tan tardío** de la ciencia española del Derecho del Trabajo; esto es, por qué se trata de una ciencia radicalmente contemporánea, nacida en el pasado siglo XX,

---

47   Respecto de todo ello, véase Alberto ARUFE VARELA y Jesús MARTÍNEZ GIRÓN, *Los catedráticos españoles de Derecho del Trabajo (1917-2024). Una visión genealógica*, cit., págs. 160 y ss.

como se dijo, y no antes. Pues bien, **hasta el siglo XVIII** dicho nacimiento resultó imposible por falta de base o sustrato que permitiesen teorizar, dado que hasta 1783 el «trabajo manual»[48] fue sistemáticamente considerado en España como una actividad vil y despreciable[49], no susceptible de poder dar lugar por ello mismo a ninguna ciencia rigurosa sobre él, que debiese enseñarse y estudiarse. Y **durante todo el siglo XIX**, por la sencilla razón de que no había materiales jurídico-laborales sobre los que poder construir ninguna ciencia, pues las leyes laborales significativas empezaron a promulgarse en España a partir de 1900, debiendo tenerse en cuenta, además, que sólo a partir de 1908 pudo comenzar a haber sentencias propiamente laborales, tras la puesta en funcionamiento de nuestros tribunales industriales[50]; leyes

---

48   Quienes desempeñaban un trabajo intelectual puro (por ejemplo, los médicos) eran tradicionalmente calificados en la legislación española como «profesores»; y con este sentido, utiliza todavía el vocablo nuestro Código Civil (artículos 1967-2.º y 1494, este último claramente referido al veterinario). Sobre el tema, véase Jesús Martinez Giron, *La contratación laboral de servicios profesionales*, Servicio de Publicaciones de la Universidad (Santiago de Compostela, 1988), págs.13-14.

49   Véase, por ejemplo, la ley 25 del título 21 de la Partida 2.ª, del siglo XIII, relativa a por qué razones pierde el caballero honra de caballería, según la cual esta honra se perdía «si ussase públicamente el mismo de mercaduría, o obrase de algún vil menester de manos, por ganar dinero, no seyendo cautivo»; o Declaración de Juan II en las Cortes de Valladolid celebradas en 1447 (luego reproducida como ley 3 del título 1 del libro 6 de la Nueva Recopilación de las Leyes de España de 1567), relativa a ser «público, y notorio, que ...[los caballeros] no viven por oficios de sastres, ni de pellejeros, ni de carpinteros, ni de pedreros, ni herreros, ni tundidores, ni barberos, ni especieros, ni recatones, ni zapateros, ni usando otros oficios bajos, y viles»; o Pragmática de Carlos II de 13 diciembre 1682 (reproducida como auto acordado 2.º del título 12 del libro 5 de la Nueva Recopilación, citada), en la que se afirma que «el mantener, ni haber mantenido fábricas ... no ha sido, ni es contra la calidad de la Nobleza ... con tanto que, los que hubieren mantenido, o en adelante mantuvieren, u de nuevo tuvieren fábricas, ni hayan labrado, ni labren ellas por sus propias personas, sino por las de sus menestrales y oficiales». Sobre el tema de «la minusvaloración del trabajo en España», clásico, véase Efrén Borrajo Dacruz, *Introducción al Derecho del Trabajo*, 13.ª edición, Tecnos (Madrid, 2003), pág. 80.

50   En sentido estricto, se trataba todavía de sentencias «obreras». Acerca de la transición en España de la legislación obrera a la legislación propiamente laboral, véase *infra*, Tema 3, §4.

y sentencias, específicamente laborales, que constituyen el peculiar objeto estudiado por nuestra ciencia.

La tradicional indignidad y vileza del trabajo manual hunde sus raíces en la propia etimología de la palabra «trabajar», que viene «del latín vulgar TRIPALIARE "torturar", derivado de TRIPALIUM "especie de cepo o instrumento de tortura", compuesto de TRES y PALUS por los tres maderos que conformaban dicho instrumento»[51].

A la indignidad y vileza en cuestión puso fin formalmente la Real Cédula de Carlos III de 18 marzo 1783, sobre «habilitación para obtener empleos de República los que exercen artes y oficios, con declaración de ser éstos honestos y honrados»[52]. Esta norma fue promulgada en un contexto de pensamiento ilustrado, caracterizado por su confianza absoluta precisamente en el trabajo manual (las «artes», se decía entonces) como factor decisivo para alcanzar «la Felicidad de la Nación»[53] y, además, por su proclamación del «derecho que tiene el hombre a

---

51 Cfr. Juan COROMINAS, Diccionario crítico etimológico de la lengua castellana, vol. IV, Gredos (Madrid, 1954), pág. 520

52 Aparece reproducida como ley 8 del título 23 del libro 8 de la Novísima Recopilación de las Leyes de España de 1805, según la cual «Declaro, que no sólo el oficio de curtidor, sino también los demás artes y oficios de herrero, sastre, zapatero, carpintero y otros a este modo son honestos y honrados: que el uso de ellos no envilece la familia ni la persona del que los exerce; ni la inhabilita para obtener los empleos municipales de la República en que estén vecindados los artesanos o menestrales que los exerciten; y que tampoco han de perjudicar las artes y oficios para el goce y prerrogativas de la hidalguía..., aunque los exercieren por sus mismas personas, siendo exceptuados de esta regla los artistas o menestrales, o sus hijos que abandonaren su oficio o el de sus padres, y no se dedicaren a otro, o a qualesquiera arte o profesión con aplicación o aprovechamiento, aunque el abandono sea por causa de riqueza y abundancia; pues en tal caso, viviendo ociosos y sin destino, quiero, les obsten los oficios y estatutos como hasta de presente...».

53 Cfr. Conde de CAMPOMANES, «Discurso sobre el fomento de la industria popular» de 1774, citado por la edición de John REEDER, Instituto de Estudios Fiscales (Madrid, 1975), pág. 123. Este concepto, tan de moda en la época, trascendió incluso a la Constitución de 1812, cuyo art. 13 afirmaba que «el objeto del Gobierno es la Felicidad de la Nación, puesto que el fin de toda sociedad política no es otro que el bien estar de los individuos que la componen».

trabajar» —también novedad del siglo XVIII— como un «derecho absoluto, que abraza todas las ocupaciones útiles, y que tiene tanta extensión como el de vivir o conservarse»[54].

A pesar de su dignificación formal en 1783, el trabajo manual o «mecánico»[55] continuó considerándose socialmente como trabajo indigno y despreciable durante mucho tiempo después[56], coexistiendo esta indignidad social suya con el mantenimiento —vergonzoso— del fenómeno de la esclavitud negra en nuestras colonias ultramarinas de Cuba y Puerto Rico, la cual no fue definitivamente abolida por España hasta 1886[57].

---

54 *Cfr.* Melchor Gaspar De Jovellanos, «Informe sobre el libre ejercicio de las artes» de 1785, citado por Venceslao De Linares y Pacheco (editor), *Obras del excelentísimo señor don Melchor Gaspar de Jovellanos*, t. VI, Imp. de D. Francisco de Oliva (Barcelona, 1840), pág. 226. En este punto, la influencia de Turgot sobre Jovellanos resulta evidente; y así lo puso de relieve —señalando, además, el «indiscutible fondo calvinista» de esta tesis— Gaspar Bayón Chacón, *La autonomía de la voluntad en el Derecho del Trabajo. Limitaciones a la libertad contractual en el Derecho histórico español*, Tecnos (Madrid, 1955), pág. 267.

55 El artículo 660.2.ª de la Ley de Enjuiciamiento Civil de 1881, vigente hasta prácticamente anteayer, entendía todavía —a efectos de la tacha de testigos— «por criado... el que viva en las casas del litigante y le preste en ellas *servicios mecánicos* mediante un salario fijo, y por dependiente el que le preste habitualmente servicios retribuidos al que lo hubiere presentado por testigo, aunque no viva en su casa». La Ley de contrato de trabajo de 1931 todavía reputaba «trabajadores», entre otros varios, «los obreros y operarios especializados o no en oficios, profesiones *manuales o mecánicas*, y los que ejerzan trabajos triviales ordinarios» (artículo 6).

56 Lo prueba elocuentemente, por ejemplo, en el plano estrictamente jurídico, una Sentencia del Tribunal Supremo (Sala 1.ª) de 25 febrero 1860, rechazando la demanda de cierto señorito de la época a quien califica expresamente de «holgazán» (*cfr.* resultando 2.°), que aducía —para pretender la condena judicial de sus padres a alimentarlo— el argumento de que «en la posición de su padre, que era un propietario acomodado, no correspondía que su hijo fuera un mero bracero o jornalero»; argumento que el Tribunal Supremo rechazó, visto que «es mayor de edad, tiene la robustez necesaria para dedicarse al trabajo y sabe el oficio de cerrajero, que aprendió y practicó en los talleres de su padre; por todo lo cual no está éste obligado a alimentarlo, a no ser en caso de imposibilidad física» (considerando 2.°).

57 Véase Jesús Martinez Giron, *Los pleitos de derecho privado sobre esclavitud ultramarina en la jurisprudencia del Tribunal Supremo (1857-1891)*, Civitas (Madrid, 2002), especialmente págs. 12 y ss.

Lo que se enseñaba en las universidades españolas del siglo XIX, a propósito del trabajo obrero, lo evidencian los tratados, manuales, cursos, etc., sobre «economía política» publicados en España en aquella época. En ellos, con absoluta frialdad y en congruencia con el ultraliberalismo económico entonces dominante en Europa, se explicaba —obviando el tema de la «cuestión social»— que existe «un verdadero mercado para el trabajo de los obreros»[58], en el que «el precio de los jornales, como el de todas las cosas, se arregla por el debate contradictorio entre el empresario que demanda el trabajo y el obrero que lo ofrece»[59], o, también, que «el salario, como cualquier otra mercancía, tiene su precio natural y su precio corriente o del mercado»[60], al considerarse entonces «axioma» la afirmación relativa a «que el trabajo nunca es tan productivo como cuando es enteramente libre, y por consiguiente los reglamentos coercitivos y las medidas penales dirigidas a imponerle condiciones y a intervenir contra la voluntad de los particulares, es contrario al adelanto y desarrollo de la producción»[61]. Con todo, en alguno de estos libros también se advertía que «el trabajador no tiene más renta que su salario; éste, pues, debe ser suficiente para satisfacer todas sus necesidades», pues

---

58 Manuel Colmeiro, *Tratado Elemental de Economía Política Ecléctica*, vol. I, Librería de los señores viuda e hijos de D. Antonio Calleja (Madrid, 1845), pág. 250.

59 *Ibidem*, pág. 253.

60 Mariano Carreras y González, *Tratado didáctico de Economía Política*, Librería de Miguel Guijarro (Madrid, 1881), pág. 330.

61 Andrés Borrego, *Principios de Economía Política*, Imprenta de la Sociedad de Operarios del mismo Arte (Madrid, 1844), pág. 16. Aplicando este axioma, José Espinosa de los Monteros, *Tratado de economía política aplicada a España*, Imprenta de D. Eusebio Aguado (Madrid, 1831), págs. 126-127, afirma lo siguiente: «por lo general el salario de los obreros, es tan reducido, que apenas excede de lo absolutamente indispensable para su subsistencia y para la de su familia, reglada por los usos y costumbres del país, lo que consiste en que, si subiera demasiado, favorecería la multiplicación de los obreros, y les perjudicaría a todos, pues sus servicios serían más ofrecidos que demandados, y volverían a bajar aún más de lo que estaban».

«si así no fuera, él no serviría sino para aumentar una población miserable, inquieta, criminal, enemiga del poder, hostil a todos los derechos»[62].

---

62 Véase Álvaro FLÓREZ DE ESTRADA, *Curso de Economía Política*, 5.ª edición, Imprenta de D. Miguel de Burgos (Madrid, 1840), pág. 385.

TEMA 2

EL ARRENDAMIENTO DE SERVICIOS EN LA HISTORIA

Sumario: §1. El arrendamiento de servicios como antecedente del contrato de trabajo. **§2.** Su regulación en las fuentes romanas. **§3.** Su regulación en las Partidas y en la Novísima Recopilación. **§4.** Su regulación en el Código Civil y en las Leyes decimonónicas de Enjuiciamiento Civil. **§5.** La jurisprudencia civil histórica del Tribunal Supremo sobre arrendamiento de sus servicios por trabajadores asalariados.

§1. El contrato de trabajo en España es una realidad jurídica radicalmente contemporánea, puesto que aparece expresamente mencionado por vez primera en nuestra legislación sólo en 1902, y no antes. A pesar de su contemporaneidad, el contrato de trabajo no surgió de la nada, sino que es heredero directo del viejo contrato civil de arrendamiento de servicios, sustantivamente regulado hoy en los artículos 1583 a 1587 del Código Civil. Sobre la base, por tanto, del **arrendamiento de servicios como antecedente del contrato de trabajo**, en la historia de dicho arrendamiento cabe distinguir tres grandes etapas, que son: 1) la de la regulación del arrendamiento (*locatio conductio*) en las fuentes romanas (*cfr. infra*, §2); 2) la de su regulación durante el Antiguo Régimen (*cfr. infra*, §3); y

3) la de su regulación durante la segunda mitad del siglo XIX y los comienzos del siglo XX (*cfr. infra*, §4 y §5).

La referencia seminal citada al contrato de trabajo aparece contenida en una Real Orden de 9 noviembre 1902, reconociendo que era la relativa al «*contrato de trabajo*, a que se refiere el Código Civil en el capítulo 3.º, título 6.º, libro 4.º, una de las materias más deficientemente reguladas, como convence la lectura de los pocos artículos que de él tratan»[1].

§2. En el Derecho Romano, tal y como resulta accesible y manejable a través del Digesto de Justiniano del siglo VI, es inadmisible hablar de arrendamiento de cosa, arrendamiento de obra y arrendamiento de servicios, absolutamente carentes de regulación en las fuentes romanas, como tales arrendamientos distintos[2]. Lo que dicho monumento jurídico regulaba, recopilando opiniones de juristas de los siglos II y III y entremezclando esas tres categorías jurídicas romanísticas modernas, era —como conjuntos sistemáticos— lo siguiente: 1) «Sobre los servicios de los esclavos»[3]; 2) «Las acciones de locación y conducción»[4]; y 3) «Sobre los servicios de los libertos»[5]. Esta regulación del Digesto contemplaba simul-

---

1   *Cfr.* su exposición de motivos, párrafo primero). Sobre el tema, véase M.ª Teresa Sosa Mancha, *La emergencia del contrato de trabajo (La codificación civil y los proyectos de ley de contrato de trabajo: 1821-1924)*, Civitas (Madrid, 2002), págs. 120 y ss. Pocos meses antes, una Circular del Ministerio de la Gobernación de 21 junio 1902, sobre huelgas, afirmaba expresamente lo siguiente: «Las frecuentes consultas que a este Ministerio dirigen los Gobernadores, y a estos los Alcaldes de los pueblos donde los obreros se declaran en huelga, especialmente si ésta tiene carácter agrario, demuestran que, tanto los obreros como los patronos, apenas tienen concepto del *contrato de trabajo* y de las obligaciones que mutuamente les impone. Para la gran mayoría de unos y de otros, o el contrato no existe, o la noción que de él tienen es tan vaga, que se desvanece por completo en el momento de ponerla en práctica».

2   Ciertamente, «la clasificación tripartita (*l. c. rei, operis, operarum*) no pertenece a los juristas romanos» (*cfr.* Álvaro D´Ors, *Derecho Privado Romano*, 6.ª ed., EUNSA [Pamplona, 1986], pág. 554, nota 1).

3   Libro 7, título 7, llevando por rúbrica original «*De operis servorum*».

4   Libro 19, título 2, llevando por rúbrica original «*Locati conducti*».

5   Libro 38, título 1, llevando por rúbrica original «*De operis libertorum*».

táneamente el régimen jurídico de **tres situaciones de hecho distintas**, ligadas las tres a las formas entonces existentes de aprovechamiento del trabajo humano.

El prototípico ciudadano romano (por ejemplo, un «*pater familias*», fuese o no «patricio») era un propietario rural, pero también un ciudadano ocioso, figurando entre ellos los grandes juristas clásicos (PAPINIANO, PAULO, ULPIANO, etc.), que no cobraban (a diferencia de los «mercenarios») por la dación de las opiniones jurídicas que emitían[6].

En primer lugar, la de la **explotación de esclavos** por sus dueños, bien directamente para obtener provecho de su trabajo como tales esclavos, bien dándolos a otros en arriendo[7].

Las fuentes romanas aluden, por ejemplo, a los médicos con esclavos, «cuyos servicios no pueden utilizar permanentemente más que dándolos en arriendo»[8]. También se refieren al supuesto del liberto con esclavos, y en concreto, a «ese liberto [que] tiene tan modesto patrimonio que no puede servirse del esclavo más que arrendando sus servicios»[9]. Por otra parte, se ocupan igualmente de esclarecer qué tipo de acción cabría «si hurtaras un esclavo que te fue dado en arriendo»[10], «si hubieras herido a un esclavo que se te había dado en arriendo»[11], o «si te hubiere dado en arriendo un esclavo para que lo tuvieses en un establecimiento y el esclavo hubiese cometido un hurto»[12].

---

6   Véase Ángel GÓMEZ-IGLESIAS CASAL, *La influencia del Derecho Romano en las modernas relaciones de trabajo*, Civitas (Madrid, 1995), págs. 48 y ss.

7   Así se explica —dada su consideración de «cosa»—, de un lado, que «lo mismo que en las demás cosas se entiende que existe fruto una vez deducidos los gastos necesarios, así también sucede tratándose de los servicios de los esclavos» (libro 7, título 7, fragmento 4); y de otro lado, que «el que no restituyó el esclavo u otra cosa no inmueble que había tomado en arriendo será condenado a cuanto se hubiere jurado de litigio estimado» (libro 19, título 2, fragmento 48, párrafo 1).

8   Libro 38, título 1, fragmento 25, párrafo 2.

9   *Ibidem*, párrafo 1.

10 Libro 19, Título 2, fragmento 42.

11 *Ibidem*, fragmento 43.

12 *Ibidem*, fragmento 45, párrafo 1.

En segundo lugar, la del **arrendamiento por hombres libres de su propio trabajo**, entremezclando aquí el Digesto la regulación de lo que hoy llamaríamos arrendamiento de obras y arrendamiento de servicios.

En efecto, las propias fuentes romanas incluyen referencias al «trabajo propio de hombres libres, es decir ..., [con] descanso al mediodía y tiempo para cuidar de su propia salud y decoro»[13], admitiendo incluso la libre concurrencia del liberto con su patrono en «el mismo negocio, en la misma ciudad y sitio ..., si es que el patrono no sufre por ello perjuicio»[14]; a cambio, «el que dio en arriendo sus servicios debe recibir el salario [*mercedem*]»[15]. Por otra parte, al tiempo que se habla del abogado o del escribano que arrienda sus servicios (*operas suas*)[16], se habla también —siempre de manera entremezclada— de «arriendo de obra» (*operis locandi*)[17] o de «una obra» (*operis locatione*)[18].

En tercer lugar, la del **aprovechamiento del trabajo de los libertos** —esto es, los esclavos que habían pasado a ser hombres libres tras la manumisión por su dueño—, respecto de la que el Digesto regulaba con toda minuciosidad dos situaciones distintas: 1) la del liberto que se obligaba a prestar servicios a su antiguo dueño, tras haberlo jurado (o prometido o estipulado) así en el acto de la manumisión[19]; y 2) la

---

13 Libro 38, título 1, fragmento 26.

14 *Ibidem*, fragmento 45.

15 Libro 19, título 2, fragmento 38. Puesto que lo que se percibía era una *merces*, «alguno de los textos jurisprudenciales ... denominan al trabajador como *mercennarius*» (véase, precisando el significado de este término, Ángel Gómez-Iglesias Casal, *La influencia del Derecho Romano en las modernas relaciones de trabajo*, cit., págs. 45 y ss.).

16 *Cfr.*, por ejemplo, libro 19, título 2, fragmento 19, párrafo 9, y en los mismos libro y título, su fragmento 38.

17 Libro 19, título 2, fragmento 13, párrafo 10.

18 Libro 19, título 2, fragmento 58, párrafo 1.

19 En efecto, «para que se contraiga la obligación *jurada* es necesario que sea liberto quien *jura* y que lo haga a causa de su manumisión» (libro 38, título 1, fragmento 7), teniendo en cuenta que se obliga a prestar los servicios «con tal que se haga el *juramento* o la *promesa* inmediatamente después de la manumisión» (*cfr.* libro 40, título 13, fragmento 44), y además, que «el esclavo del patrono no *estipula* correctamente

del patrono que daba en arriendo a otros los servicios de su liberto, de nuevo por haberlo jurado (o prometido o estipulado) así este último en el acto de la manumisión.

La prestación de servicios del liberto a su antiguo dueño —precisamente por causa de la manumisión— constituye un supuesto típico en las fuentes romanas, regulándose, por ejemplo, qué servicios no podían imponerse[20], por qué razones podría el liberto quedar eximido de su obligación[21], o cómo debía cumplir el liberto cuando se obligaba con más de un patrono[22]. Aunque con menos detalle, también aparecen alusiones al supuesto del patrono que daba en arriendo los servicios de su liberto, afirmándose, por ejemplo, que «el patrono que da en arriendo los servicios de su liberto no se entiende sin más que saca de él un alquiler, sino que esto debe deducirse del tipo de servicios que sean, en atención a la persona del patrono y del liberto»[23].

... si dice "¿me *prometes* prestar los servicios?", y así deberá *estipular* que se prestarán al patrono» (*cfr.* libro 38, título 1, fragmento 10).

20 Se señala, por ejemplo, que «no pueden imponerse servicios de modo que el liberto deba alimentarse por su cuenta» (libro 38, título 1, fragmento 33), o que «sólo pueden entenderse impuestos al liberto aquellos servicios que pueden prestarse sin desdoro, ni riesgo de la vida» (libro 38, título 1, fragmento 38).

21 Así, por ejemplo, por razones de edad, pues «no está obligada a prestar servicios a su patrono la liberta de más de cincuenta años» (libro 38, título 1, fragmento 35); por razones filiales, pues «incluso cuando ya se han reclamado los servicios, queda liberado el liberto por el nacimiento de los hijos» (libro 38, título 1, fragmento 37, párrafo 6); o por razones conyugales, ya que «pierde el derecho a reclamar los servicios ... el patrono ... que dio su consentimiento al matrimonio de su liberta, pues ésta ... debe dedicarse a su marido» (libro 38, título 1, fragmento 48).

22 Sobre ello se dispone, por ejemplo, que «si un liberto hubiera jurado cumplir mil [días de] servicios a sus dos patronos ..., se deben quinientos a cada uno, y no la mitad de cada día» (libro 38, título 1, fragmento 15, párrafo 1). También cabría la prestación simultánea de los servicios, y así se habla de que «un liberto de dos patronos puede, en algún caso, prestar servicios distintos por entero y a la vez a cada uno de ellos; por ejemplo, el que es copista y sirve a un patrono copiando libros, y el otro le obligó a guardar una casa mientras iba de viaje con los suyos, pues nada impide que copie libros mientras guarda la casa» (libro 38, título 1, fragmento 49).

23 Libro 38, título 1, fragmento 25.

§3. Esta entremezclada regulación romana del Digesto se recibió luego en Castilla a través del Código de las **Siete Partidas** de Alfonso X «el Sabio», del siglo XIII[24]. En efecto, en el título 8 de la Quinta Partida se regula con toda prolijidad el tema «De los logueros, e de los arrendamientos»[25], hablándose del arrendamiento de cosa[26] —y por supuesto, del arrendamiento de esclavos[27]—, del arrendamiento de obras[28], de quienes alquilaban sus servicios como «menestrales»[29], etc.

---

24 Sobre el tema en las fuentes medievales anteriores, y especialmente en las municipales, véase Rafael GIBERT, «El contrato de servicios en el Derecho medieval español», *Revista de Política Social*, núm. 101 (1974), págs. 24 y ss.

25 El título 8 se ocupa —según su preámbulo— de mostrar «que cosa es loguero, e arrendamiento. E quien lo puede fazer. E en que manera deue ser fecho. E de que cosas. E quanto tiempo dura. E en que sazon deuen dar los arrendadores las rentas, o el loguero que prometieron. E a quien pertenesce el pro, o el daño, si la cosa arrendada, o el fruto della, se mejora, o se empeora, o se pierde. E como, despues que es complido el tiempo del arrendamiento, o del loguero, deue ser tornada la cosa a su dueño».

26 Supuesto —según la ley 1, sobre «Que cosa es Loguero, e Arrendamento» — que «aloguero es propriamente ... otorgar vn ome a otro poder de vsar de su cosa, o de seruirse della, por cierto precio, que le ha de pagar en dineros contados ..., e arrendamiento ... es arrendar heredamiento, o almoxerifadgo, o alguna otra cosa, por renta cierta que den por ella».

27 Así, por ejemplo, la ley 8 —sobre «Por quales razones es tenudo de pechar, o non, la cosa, aquel que la tiene arrendada, o alogada, si se perdiesse, o se muriesse»— se refiere al supuesto de que «se muriesse la cosa que touiesse alogada alguno ..., assi como si fuesse sieruo, o alguna bestia, si se muriesse su muerte natural». Sobre el tema, véase Claudio SÁNCHEZ-ALBORNOZ, «De los colonos romanos a los tributarii», en sus *Estudios sobre Galicia en la temprana Edad Media*, Fundación Pedro Barrié de la Maza, Conde de Fenosa (La Coruña, 1981), págs. 225 y ss.

28 Supuesto —de nuevo según la ley 1— que también es «aloguero ... quando vn ome loga a otro, obras que ha de fazer con su persona, o con su bestia». En este sentido, por ejemplo, la ley 3 —sobre «Que cosas pueden ser logadas, e arrendadas»— alude a las «obras que ome faga con sus manos, o bestias»; y la ley 10 —sobre «Como los orebzes, e los otros menestrales son tenudos de pechar las piedras, e las otras cosas que quebrantaren por su culpa, o por mengua de sabiduria»— habla «de los orebzes ..., de los otros maestros, e de los Fisicos, de los Cirujanos, e de los Albeytares [esto es, veterinarios], e de todos los otros que resciben precio, para fazer alguna obra».

29 Puede verse, por ejemplo, en la ley 9 —sobre «Como deue ser pagada la soldada a los herederos de los Alcaldes, e de los Abogados, e de los otros menestrales, si se muriesen ante que cumplan el oficio»—, al referirse a «los menestrales, que pleyteassen [esto es, contratasen]

Sobre este molde jurídico genérico incidió luego la legislación, a partir del siglo XIV. Esta legislación posterior resulta accesible y manejable a través de la **Novísima Recopilación de las Leyes de España**, de 1805[30]; recopilación ésta que aplica el citado molde jurídico genérico de las Partidas —que expresamente declara vigentes—, de nuevo a tres situaciones de hecho distintas durante el Antiguo Régimen.

La declaración de vigencia de las Partidas aparece en la ley 3 del título 2 del libro 3 de la Novísima Recopilación, sobre el «Orden de las leyes y fueros que se han de observar para la decision de los pleytos», reproduciendo la ley 1 del título 28 del Ordenamiento de Alcalá de 1348, y la ley 1 de Toro de 1505[31].

En primer lugar, la situación «de los **menestrales y jornaleros**». A esta situación se refieren cuatro leyes recopiladas, las cuatro del siglo XIV[32]. En ellas, por ejemplo, puede leerse que «todos los carpinteros y albañiles, y obreros y jornaleros ..., y menestrales que se suelen alogar y alquilar, que se salgan a las plazas de cada un lugar do estuvieren, do es acostum-

---

algunas obras, e prometieren de las complir por precio cierto; que si se murieren antes que las acaben, que deuen auer sus herederos, aquello que ouieren merescio ellos, e non mas», añadiendo que «si todo el precio quisieran demandar, deuen dar otros menestrales, tan sabidores como aquellos que finaron, que acaben las obras». Puede verse igualmente en la ley 11 —sobre «De los salarios que resciben los Maestros de sus escolares, por mostrarles las sciencias; que los deuen castigar de manera que los non lisien»—, que alude a la relación de los menestrales con sus aprendices, señalando que aquéllos «resciben ... salarios ... de sus aprendizes, para mostrarles sus menesteres», y además, que «dellos es tenudo ... enseñar lealmente, e de castigar con mesura ..., de manera que ninguno ...[de los aprendices] non finque lisiado, nin ocasionado, por las feridas que le diere su maestro».

30 Sobre el tema, véase Gaspar Bayon Chacon, *La autonomía de la voluntad en el Derecho del Trabajo. Limitaciones a la libertad contractual en el Derecho histórico español*, Tecnos (Madrid, 1955), págs. 277 y ss.

31 Confirma, además, esta vigencia la fragmentaria y escueta regulación que «De los arrendamientos» aparecía contenida en la Novísima Recopilación; más en concreto, en ocho leyes (dos del siglo XIV y las restantes del siglo XVIII) del título 10 del libro 10, relativas al arrendamiento de rentas reales, al arrendamiento de tierras, al arrendamiento de casas en general y al arrendamiento de casas de Madrid.

32 Se encuentran recopiladas en el título 26 del libro 8.

brado de se alquilar, ... en saliendo el sol ..., y dexen la labor quando se pusiere el sol»[33].

Además de esta norma sobre establecimiento de la jornada de sol a sol —tanto en el trabajo libre «dentro en la villa ó lugar donde fueron alquilados», como fuera, en el campo—, en estas cuatro leyes se encuentran disposiciones relativas al salario, en especial sobre la obligación de pagar el salario por día[34] —esto es, el jornal—, y sobre la fijación de salarios máximos[35]. Estas tasas de salarios fueron la reacción legal al encarecimiento de la mano de obra, como consecuencia de la disminución del número de brazos que había provocado la peste negra a mediados del siglo XIV. Se mantuvieron hasta el segundo tercio del siglo XVIII, pues por Real provisión de 29 noviembre 1767 se dio libertad a los jornaleros para que pudiesen concertar sus salarios con los dueños de las tierras.

---

33 Ley 1 del título 26 del libro 8, que reproduce una ley de Enrique II dada en Toro en 1369, relativa a la «Presentación de los jornaleros y menestrales en las plazas de los pueblos para su destino al trabajo diario». Conforme a la ley 15 del título 23 del libro 12, que reproduce una Pragmática de Carlos III de 6 octubre 1771 —prohibiendo a los «artesanos y menestrales de qualesquiera oficios ..., y [a] los jornaleros de todas clases», la participación en «juegos de envite, suerte y azar» precisamente «en dias y horas de trabajo»—, se entiende «por tales [horas] desde las seis de la mañana hasta las doce del dia, y desde las dos de la tarde hasta las ocho de la noche» (*cfr.* su párrafo noveno).

34 Ley 2 del título 26 del libro 8, que reproduce dos leyes de Enrique II, dadas en Toro en 1369 —relativas al «Pronto pago al obrero en la noche del mismo dia en que trabajare»—, en la que se afirma que «porque hay algunos hombres que hacen barata á los obreros que hacen sus labores, y no les pagan; tenemos por bien y mandamos, que en la noche, cuando viniere el obrero de su labor, que el que le truxere, queriendo el obrero que le pague luego, le pague; y si él quisiere labrar otro dia con él, y suspendiere, que le pague otro dia».

35 Ley 4 del título 26 del libro 8, que reproduce una ley de Enrique II, dada en Burgos en 1373 —relativa a la «Tasa de los jornales de los menestrales y demas obreros»—, en la que se afirma que «porque los menestrales, y los otros que andan á jornales á las labores y otros oficios, son puestos en grandes precios, y son muy dañosos que los han menester; tenemos por bien que, porque los Concejos y hombres buenos cada uno en su comarca sabrán ordenar en razon de los precios de los hombres que andan á jornal, según que los precios de las viandas valieren, que los Concejos, y los hombres que han de ver la hacienda de Concejo, cada uno en su lugar con los Alcaldes del lugar lo puedan ordenar».

En segundo lugar, la situación «de los **criados**». A ella se refieren siete leyes recopiladas, de los siglos XV, XVII y XVIII[36]. Se trataba de trabajadores libres pero en situación de algún modo próxima a la de los esclavos, pues en alguna de estas leyes puede leerse, por ejemplo, que «el criado o criada, de qualquier condición o cualidad que sea ..., que se despidiere de su señor o amo, no pueda ... servir a otro señor ni amo en el mismo lugar y sus arrabales ..., sin expresa licencia y consentimiento del señor y amo de quien se despidió»[37].

Ello explica también la «prohibición de alquilar criados por dias», contenida en la ley 4 del título 16, que reproduce una Pragmática de Felipe III de 2 enero 1600[38]. Por lo demás, las otras cinco leyes venían a imponer limitaciones en el número de «criados», «lacayos», «lacayuelos», «mozos de espuelas» o «gentiles-hombres» que podría tener al servicio cualquier persona. Todo ello, para evitar un exceso de gasto, «porque es una de las mayores cargas que tienen los vasallos, en que tambien son perjudicados el comercio y las artes»[39].

En tercer lugar, la situación «de los oficios, sus maestros y oficiales». A esta situación se referían dieciséis leyes recopiladas, de los siglos XVI, XVII y XVIII[40]. Todas estas leyes regulaban el trabajo libre que prestaban en los **gremios** a los «maestros» (plateros, sastres, zapateros, etc.) los «aprendi-

---

36 Se encuentran recopiladas en el título 16 del libro 6.

37 Ley 1 del título 16 del libro 6, que reproduce una Pragmática de Felipe II de 25 noviembre 1565, relativa a que «El criado despedido de su señor no pueda sin licencia de este pasar á servir á otro en el mismo lugar».

38 Mandaba «que de aquí en adelante en esta nuestra Corte ni fuera de ella no se puedan alquilar lacayos ni otros criados por dias, sino por meses ó por mas tiempo, so pena de vergüenza pública, y de quatro años de destierro de esta Corte».

39 *Cfr.* la ley 5 del título 16 del libro 6, que reproduce una Pragmática de Felipe IV de 10 febrero 1623.

40 Se encuentran recopiladas en el título 23 del libro 8. Sobre el tema, en siglos anteriores a éstos, véase Antonio Rumeu De Armas, *Historia de la previsión social en España*, Ediciones El Albir (Barcelona, 1981), págs. 39 y ss.

ces» y «oficiales» —así denominados estos últimos porque dominaban el oficio— que dichos «maestros» tenían contratados en sus talleres[41].

Los gremios eran asociaciones de maestros, constituidas por oficios y reguladas por normas denominadas ordenanzas —ordenanzas gremiales—, cuya aprobación se reservaba el Rey desde el siglo XVI[42]. La incorporación a los gremios resultaba ser un requisito para el ejercicio del oficio respectivo en cada localidad, obligándose a los individuos agremiados a pagar una cuota o contribución por ello[43]. Los gremios se caracterizaban por su exclusivismo, supuesto que los oficiales al servicio de los maestros sólo podían acceder a la condición de maestro mediante la superación de un «examen»[44].

Toda esta legislación recopilada en 1805 continuó vigente en España durante buena parte del siglo XIX —formalmente, hasta la promulgación en 1889 del Código Civil—, salvo la recién citada regulación relativa al trabajo de aprendices y oficiales en los gremios, pues el Decreto de las Cortes de Cádiz de 8 junio 1813 (popularmente llamado Decreto «del

41   Una regulación detallada del aprendizaje y de la oficialía —poniendo como ejemplo el oficio de zapatero—, a propósito de la «instrucción y aplicación de los hospicianos á los exercicios, oficios y artes útiles al Estado», puede verse en la ley 5 del título 38 del libro 7, que reproduce una Real Resolución de Carlos III de 21 julio 1780.

42   Véase la ley 1 del título 23 del libro 8, que reproduce una Pragmática de Carlos I de 25 mayo 1552, relativa a la «Formación de ordenanzas para el buen uso de los oficios».

43   Véase, por ejemplo, la ley 5 del título 23 del libro 8, que reproduce un Decreto de Felipe V de 2 junio 1703, relativa a que «Todos los tratantes y oficiales que entraren en Madrid, se incorporen en los respectivos Gremios, contribuyan en los repartimentos, y puedan ser denunciados por los veedores». También la ley 7 del título 23 del libro 8, que reproduce Real Cédula de Carlos III de 24 marzo 1777, relativa a la «Incorporación de todos los oficiales artistas ó menestrales naturales de estos reynos, que pasen de una á otros pueblos, en sus respectivos Gremios».

44   Sobre los exámenes puede verse, además de la citada ley 7 del título 23 del libro 8, la ley 6 del mismo título, que reproduce una Real Cédula de Carlos III de 30 abril 1772, relativa a la «Incorporación en el Gremio de Madrid de los maestros de coches extrangeros y regnícolas, aprobados en sus respectivas capitales».

Conde de Toreno»), certificando la **liquidación del viejo sistema gremial**, ordenó que «todos los españoles y los extranjeros avencidados en la monarquía pudieran ... ejercer cualquiera industria u oficio útil, sin necesidad de examen, título o incorporación a los gremios respectivos»[45].

La supresión definitiva de los gremios había venido precedida de ciertas normas debilitadoras de su exclusivismo —enmarcadas en lo que comúnmente se denomina ahora «hermetismo gremial»[46]—, al facilitar el acceso a los oficios a personas hasta entonces excluidas —como las mujeres y niñas[47] o los hijos ilegítimos[48]—, al permitir que los talleres de artesanos fuesen conservados por las viudas de los maestros[49], y además, al liberalizar el aprendizaje y el ejercicio de los oficios al margen de los gremios[50].

---

45 Cierto que este Decreto fue anulado por Real Orden de 15 junio 1815, pero resultó después definitivamente restablecido por otro de 6 diciembre 1836.

46 Véase Manuel Alonso Olea, *Introducción al Derecho del Trabajo*, 6.ª ed., Civitas (Madrid, 2002), pág. 287.

47 Véase la ley 14 del título 23 del libro 8, reproduciendo una Real Cédula de Carlos III de 12 enero 1779, relativa a la «Libre enseñanza y trabajo de mugeres y niñas en todas las labores propias de su sexo, sin embargo de las ordenanzas de los Gremios». También la ley 15 del título 23 del libro 8, reproduciendo una Real Cédula de Carlos III de 2 septiembre 1784, relativa a la «Facultad general de las mugeres para trabajar en todas las artes compatibles con el decoro de su sexo».

48 Véase la ley 9 del título 23 del libro 8, reproduciendo una Real Cédula de Carlos III de 2 septiembre 1784, relativa a que «La ilegitimidad no sirva de impedimento para exercer las artes y oficios», salvo «para los empleos de Jueces y Escribanos».

49 Véase la ley 13 del título 23 del libro 8, reproduciendo una Real Cédula de Carlos IV de 19 mayo 1790, relativa a que «Las viudas de los artesanos puedan conservar sus tiendas y talleres, aunque casen con segundos maridos que no sean del oficio de los primeros».

50 Véase la ley 11 del título 23 del libro 8, reproduciendo una Circular de Carlos IV de 1 marzo 1798, relativa a que «El uso de un oficio no impida el exercicio de qualquiera otro, precediendo la suficiencia y examen correspondiente». Aquí se disponía, por ejemplo, que «á este exámen han de ser admitidos todos los que le pretendan, sin que los obste la falta de los requisitos de aprendizage, oficialía, domicilio, ni otro alguno que prescriben las ordenanzas del oficio que intentan exercer».

§4. El **Código Civil**, condicionado por la regulación del tema en las Partidas, pero también por la reelaboración dogmática que de las fuentes romanas efectuó en el siglo XVIII la ciencia romanística francesa y en el siglo XIX la «pandectística» alemana[51], regula ya ordenadamente y separadamente el arrendamiento de cosa, la ejecución de obras y el arrendamiento de servicios; este último bajo la rúbrica «Del servicio de criados y trabajadores asalariados», en sus artículos 1583 a 1587.

Nuestro Código Civil, copiando al pie de la letra el Código Civil francés de 1804, también procedía a regular el «deporte» —por vez primera en España—, afirmando que «no se consideran prohibidos los juegos que contribuyen al ejercicio del cuerpo, como los que tienen por objeto adiestrarse en el manejo de las armas, las carreras a pie o a caballo, las de carros, el juego de pelota y otros de análoga naturaleza»[52].

Estos cinco preceptos del Código Civil regulan **tres tipos distintos de arrendamientos de servicios,** que son el arrendamiento de servicios doméstico (llamando a estos arrendadores de sus propios servicios «criados domésticos», y a su arrendatario «amo»)[53], el arrendamiento de servicios agrícola (llamando a los arrendadores de estos servicios «criados de labranza»)[54] y el arrendamiento de servicios industrial (nove-

---

51 Véase Alejandrino FERNÁNDEZ BARREIRO, *La tradición romanística en la cultura jurídica europea*, Centro de Estudios Ramón Areces (Madrid, 1992), págs. 79 y ss. y 111 y ss. Vista la asistemática regulación del arrendamiento en el Digesto, ya comentada, quizá se comprendan mejor los esfuerzos doctrinales por reconstruir en el siglo XIX el contrato de servicios a partir de otras figuras, como la del «contrato de servicio fiel, cuya forma más antigua está representada por el que concluían los hombres del séquito con el señor del mismo y que se encuentra más tarde, desde el tiempo de los francos, en múltiples configuraciones diversas» (*cfr.* Otto VON GIERKE, *Las raíces del contrato de servicios*, traducción y comentario crítico por Germán BARREIRO GONZÁLEZ, Civitas [Madrid, 1989], pág. 15).

52 Artículo 1800. Al respecto, véase Jesús MARTÍNEZ GIRÓN, *El profesionalismo deportivo en la jurisprudencia de la Corte Suprema de los Estados Unidos. Un estudio desde la perspectiva del Derecho español*, Atelier (Barcelona, 2014), págs. 24 y ss.

53 *Cfr.* artículos 1584 y 1585.

54 *Cfr.* artículos 1586 y 1587.

dad de la época que explica sus referencias a estos arrendadores de sus servicios como «menestrales, artesanos y
demás *trabajadores asalariados*»)[55]. Además, condicionado
por los pleitos sobre esclavos negros de nuestros territorios
ultramarinos que coetáneamente a su promulgación todavía
seguía resolviendo nuestro Tribunal Supremo, el Código Civil
se creyó obligado a afirmar en esta regulación —para salva-
guardar el principio de libertad de trabajo, inaplicable a los
verdaderos esclavos— que «el arrendamiento [de servicios]
hecho por toda la vida es nulo»[56].

Estos pleitos sobre esclavos negros ultramarinos
dieron lugar hasta a veintiséis sentencias de nuestro
Tribunal Supremo, falladas (primero por su Sala de
Indias, luego por su Sala 1.ª) entre 1857 y 1891, que
contemplaban al esclavo como cosa (susceptible
de ser comprada, alquilada, embargada, etc.), pero
también como sujeto semoviente que vindicaba (a
través de los secretarios de los ayuntamientos ultramarinos, en su condición de defensores de oficio de
esclavos) su libertad[57].

Esta regulación sustantiva civil del tema fue completada
por la regulación procesal del propio tema. Esta última aparece contenida en las **Leyes de Enjuiciamiento Civil** de 1855
y 1881, las cuales procedieron a definir auténticamente qué
debía entenderse por trabajador, a sus peculiares efectos.
Así, en la de 1881, que estuvo vigente hasta el año 2001, se
afirma —a propósito de las tachas de testigos— que «se
entenderá por *criado* ... el que viva en las casas del litigante
y le preste en ellas servicios mecánicos mediante un salario
fijo, y por *dependiente* el que preste habitualmente servicios

---

55   *Ibidem.*

56   Artículo 1583, inciso segundo. Sobre la conexión de este precepto con
      el tema de la esclavitud, véase Manuel Alonso Olea, *De la servidumbre
      al contrato de trabajo*, 2.ª ed., Tecnos (Madrid, 1987), págs. 11-15.

57   Sobre el tema, véase Jesús Martínez Girón, *Los pleitos de Derecho
      privado sobre esclavitud ultramarina en la jurisprudencia del Tribunal
      Supremo (1857-1891)*, Civitas (Madrid, 2002), págs. 11 y ss.

retribuidos al que lo hubiere presentado por testigo, aunque no viva en su casa»[58].

La palabra «dependencia» generó una interesante jurisprudencia de nuestros tribunales civiles en el siglo XIX[59], que la utilizaban —en un primer sentido— como vocablo sinónimo de la expresión «dependencia técnica», para indicar que el trabajador, en la prestación de sus servicios, podía recibir y debía obedecer órdenes o instrucciones técnicas[60]; y también —en un segundo sentido complementario del anterior—, como sinónima de la expresión «dependencia económica» del trabajador frente al patrono[61].

§5. Al amparo de la regulación sustantiva contenida en el Código Civil, y por los cauces procesales trazados en la Ley de Enjuiciamiento Civil de 1881, llegaron a suscitarse en la época pleitos civiles relativos a trabajadores asalariados. Estos pleitos civiles acreditan **las insuficiencias del Derecho común** para tratar con justicia a la nueva «clase social» de los obreros, que tendía a crecer en la época casi exponencialmente. Evidencian, por ejemplo, estas insuficiencias: 1) una Sentencia del Tribunal Supremo (Sala 1.ª) de 1890, declarando —por aplicación de lo dispuesto en la Ley de Enjuiciamiento Civil— que los salarios percibidos por el obrero, a pesar de constituir su sustento, eran embargables en su totalidad a instancia del empresario[62]; 2) cuatro Sentencias del Tribunal Supremo (Sala 1.ª) de 1897 y 1898, declarando —por aplicación del Código Civil— que el empresario no respondía de los accidentes de trabajo ocurridos a sus trabajadores,

---

58   *Cfr.* artículo 660.2.ª, párrafo segundo.

59   Véase Jesús Martínez Girón, «La potestad patronal de mando sobre el testigo dependiente», *Revista Española de Derecho del Trabajo*, núm. 27 (1986), págs. 370 y ss.

60   Véase, por ejemplo, una Sentencia del Tribunal Supremo (Sala 1.ª) de 5 enero 1882.

61   Véase, por ejemplo, una Sentencia del Tribunal Supremo (Sala 1.ª) de 5 marzo 1874.

62   Se trataba de una Sentencia del Tribunal Supremo (Sala 1.ª) de 9 junio 1890, revocando la sentencia recurrida por el patrono, según la cual «no procede embargar al deudor ... los jornales ... que gane como operario ..., aunque carezca de otros bienes».

salvo cuando estos últimos probasen la culpa o negligencia del mismo[63]; y 3) una Sentencia del Tribunal Supremo (Sala 1.ª) de 1913, declarando —por aplicación ahora del Código de Comercio de 1885, a propósito de los casos, frecuentísimos, en que la duración del contrato «no tuviere tiempo señalado»[64]— que los empresarios, avisando con un mes de anticipación o pagando esta «mesada» de salario, podían despedir libremente a los trabajadores a su servicio[65].

---

63 Se trata de Sentencias del Tribunal Supremo (Sala 1.ª) de 2 marzo 1897, 10 marzo 1897, 18 marzo 1898 y 30 abril 1898. La primera de estas sentencias declaró que no podía exigirse el pago, en concepto de indemnización, de una «pensión igual al haber que disfrutaba su padre [fallecido]..., o de una vez la cantidad equivalente», pues el accidente del trabajador «fue fortuito y puramente casual, sin responsabilidad alguna de parte de la Compañía [demandada]»; la segunda de ellas declaró que no había «habido culpa ni negligencia alguna por parte de la Compañía demandada, como sería indispensable para que hubiese incurrido en responsabilidad»; la tercera confirmó que la prueba de la culpa del patrono correspondía al trabajador accidentado, de manera que «no habiendo probado el recurrente ... que la lesión que sufrió fue producida por culpa o negligencia de la Compañía o de alguno de sus empleados, es evidente que al absolver la Sala a la Empresa, no ha infringido [las disposiciones invocadas]»; y la cuarta, por último, completó este cuadro al concluir que la acción del trabajador «prescribe al año». Sobre el tema, véase Jesús MARTINEZ GIRON, *Una introducción histórica al estudio de las fuentes del Derecho español de la Seguridad Social*, Imprenta Paredes (Santiago de Compostela, 1990), págs. 22 y ss.; también, con perspectiva onomástica, Jesús MARTÍNEZ GIRÓN, «La Ley española de Accidentes de Trabajo de 1900. Orígenes, tramitación y nombres propios asociados a ella», en el volumen *Accidentes de trabajo y enfermedades profesionales. Experiencias y desafíos de una protección social centenaria*, tomo 1, Laborum (Murcia, 2020), págs. 27 y ss.

64 Según el artículo 302, párrafo primero, de dicho Código, «en los casos de que el empeño no tuviere tiempo señalado, cualquiera de las partes podrá darlo por fenecido, avisando a la otra con un mes de anticipación». Este precepto, que reproducía el artículo 196.1 del Código de Comercio de 1829, venía a completar el vacío de regulación dejado por el artículo 1586 del Código Civil, que sólo se refería a la extinción de los arrendamientos de servicios concertados «por cierto término para cierta obra», omitiendo precisar cuáles eran las consecuencias de la extinción, si se hubiese estipulado lo que el artículo 1583, inciso primero, del propio Código Civil denominaba arrendamiento de servicios «sin tiempo fijo».

65 Se trata de una Sentencia del Tribunal Supremo (Sala 1.ª) de 30 enero 1913, según la cual la «condición de quedar la Compañía en su libre derecho de dejar de utilizar los servicios» del trabajador-actor era «facultad ... perfectamente lícita en contratos de esta naturaleza».

El Código de Comercio de 1885 regula la relación de los factores, dependientes y mancebos del comerciante. Ahora bien, no la efectuaba a propósito del contrato de arrendamiento de servicios, sino del contrato de mandato. Tal regulación resultaba más progresiva y evolucionada que la del Código Civil, a pesar de ser anterior al mismo, pues otorgaba una posición privilegiada especialmente a los mancebos y dependientes —los factores equivalían a nuestros altos cargos actuales, de donde las palabras «factura» y «factoría»—, tipificando las causas que podrían justificar su despido[66], e imponiendo al empresario el pago de cierta indemnización a dichos auxiliares suyos, en caso de accidente o enfermedad[67].

---

66 *Cfr.* su artículo 300, relativo a «el fraude o abuso de confianza en las gestiones que les hubieren confiado», a «hacer alguna negociación de comercio por cuenta propia, sin conocimiento expreso y licencia del principal, y a «faltar gravemente al respeto y consideración debidos a éste o a las personas de su familia o dependencia».

67 *Cfr.* su artículo 298. Más clara aparecía tal posibilidad en su precedente —el artículo 201 del Código de Comercio de 1829—, según el cual «los accidentes imprevistos e inculpables que impidan a los factores y mancebos asalariados desempeñar su servicio, no interrumpirán la adquisición del salario que les corresponda, como no haya pacto en contrario, y con tal que la indemnización no esceda de tres meses» (sobre el tema, véase el clásico estudio de Efrén Borrajo Dacruz, «Los auxiliares del comerciante en Derecho español», *Revista de Derecho Mercantil*, núm. 63 [1957], pág. 18). Como ha puesto de relieve Xosé Manuel Carril Vázquez, *La seguridad social de los trabajadores del mar*, Civitas (Madrid, 1999), págs. 52 y ss., el tema aparece todavía más perfectamente previsto en la regulación del contrato de embarco que efectúa dicho Código de Comercio al indicar, de un lado, que «el hombre de mar que enfermare no perderá su derecho al salario durante la navegación, a no proceder la enfermedad de un acto suyo culpable» (*cfr.* artículo 644, párrafo primero, inciso primero); y de otro lado, que «si el hombre de mar muriese durante la navegación, se abonará a sus herederos lo ganado y no percibido de su haber, según su ajuste y la ocasión de su muerte» (*cfr.* artículo 645, párrafo primero).

TEMA 3

LA CUESTIÓN SOCIAL, LA PRIMERA LEGISLACIÓN OBRERA Y LA POSTERIOR LEGISLACIÓN LABORAL PREESTATUTARIA

§1. Como acaba de decirse, la codificación privada decimonónica no permitía hacer justicia a la nueva «clase social» de los obreros. Y el problema se agravaba, pues el crecimiento de dicho segmento de la población resultaba directamente proporcional al de la gran industria. La necesidad de reaccionar jurídicamente frente a todas las insuficiencias de nuestra normativa de Derecho común es lo que se conoce en España, ya en el último cuarto del siglo XIX, con el nombre de la «**cuestión social**».

La primera huella de esta reacción apareció el 24 julio 1873, con la promulgación de la denominada «Ley Benot», sobre condiciones de trabajo de menores (a partir de 10 años) en las fábricas, talleres, fundiciones o minas. Se trata, sin embargo, de una Ley de escasa o nula efectividad. Lo prueba el hecho de que, once años después —por Real Orden de 8 diciembre 1884—, tuviera que recordarse que se encontraba en vigor, «para que las medidas humanitarias que fueron objeto de la Ley mencionada no caigan en desuso y tengan el más exacto cumplimiento»[1].

Esta expresión se maneja por vez primera en nuestras fuentes en un Real Decreto de 5 diciembre 1883, por el que se ordenaba la creación de **la Comisión de Reformas Sociales**[2]. Sus tareas consistían principalmente en el estudio y elaboración de proyectos de ley específicos sobre «aquellas cuestiones llamadas sociales, que preocupan ... y que conmueven ya no poco a nuestra patria»[3], esto es, de las cuestiones que «directamente interesan a la mejora o bienestar de las clases obreras, tanto agrícolas como industriales»[4]. El propio Real Decreto citado agrupaba dichas «cuestiones» en ocho grandes ámbitos.

Eran los relativos, como señala el apartado 2 de dicha norma, a lo siguiente: 1) «jurados mixtos como medio de resolver las cuestiones entre obreros y fabricantes y mantener las mejores relaciones en-

---

1   Sobre el tema, véase Alfredo MONTOYA MELGAR, *Ideología y lenguaje en las leyes laborales de España (1873-1978)*, Civitas (Madrid, 1992), págs. 69 y ss.

2   La Comisión de Reformas Sociales fue sustituida años más tarde por el Instituto de Reformas Sociales —creado por Real Decreto de 23 abril 1903 (aprobándose su reglamento por Real Decreto de 15 agosto 1903)—, que «estará encargado de preparar la legislación del Trabajo en su más amplio sentido, cuidar de su ejecución ..., y favorecer la acción social y gubernativa en beneficio de la mejora ó bienestar de las clases obreras» (*cfr.* apartado 4 de la norma de creación). El Instituto de Reformas Sociales funcionó de manera autónoma hasta que, por Real Decreto de 2 junio 1924, quedó refundido en el Ministerio de Trabajo, Comercio e Industria, dando lugar al denominado «Consejo del Trabajo». Sobre el Instituto de Reformas Sociales, con ocasión de su centenario, véase Alfredo MONTOYA MELGAR, «El reformismo social en los orígenes del Derecho del Trabajo», *Revista del Ministerio de Trabajo y Asuntos Sociales. Derecho del Trabajo*, núm. extraordinario (2003), págs. 81 y ss.

3   *Cfr.* su exposición de motivos, párrafo primero.

4   *Cfr.* su artículo 1.

tre capitalistas y obreros»; 2) «cajas de retiros y de socorros para enfermos e inválidos del trabajo»; 3) «trabajo de los niños y de las mujeres en las fábricas, en las minas y en los campos»; 4) «higiene y salubridad en los talleres»; 5) «bancos agrícolas y su organización con los elementos de los antiguos Pósitos»; 6) «reformas que podrían introducirse en las leyes de desamortización, a fin de facilitar a los colonos y trabajadores la adquisición de la tierra»; 7) «sociedades de socorros mutuos»; y 8) «habitaciones de obreros».

Para llevar a cabo su trabajo la Comisión de Reformas Sociales elaboró un «**cuestionario**», sobre el estado y las necesidades de las clases obreras. Dicho cuestionario, cuyo contenido puede localizarse en una Real Orden de 1884[5], incluía hasta un total de 223 preguntas repartidas en 32 grupos[6]. Supuso la acumulación de un ingente y utilísimo material informativo, que pudo luego tomarse como base para la promulgación de una concreta **legislación obrera**, pero ya en el siglo XX.

De igual modo a lo sucedido —pero antes, ya en la primera mitad del siglo XIX— en otros países europeos, como en Inglaterra, con los informes de las comisiones oficiales de 1832 (sobre «Trabajo infantil en la industria textil») ó 1842 (sobre «Condiciones sanitarias de la población obrera»); o también, en Francia, con el denominado Tableau de Villermé de 1840 (sobre un «Panorama del estado físico y moral

---

5   Real Orden de 28 mayo 1884, sobre constitución de comisiones provinciales y locales de reformas sociales y cuestionario sobre la situación de la clase obrera.

6   Grupos relativos a «gremios», «huelgas», «jurados mixtos», «asociación», «inválidos del trabajo», «condición económica de la clase obrera», «industrias domésticas», «condición moral de la clase obrera», «condición de la familia obrera», «condición social y política de la clase obrera», «salario», «participación en los beneficios», «horas de trabajo», «trabajo de las mujeres», «trabajo de los niños», «cultivo de la tierra», «obreros agrícolas», «labriegos propietarios», «aparcería», «arrendamiento de fincas rústicas», «instituciones censales», «crédito territorial», «crédito agrícola», «bienes comunales», «montes públicos», «instituciones de previsión, de crédito y de seguro», «beneficiencia», «emigración», «sucesión hereditaria», «impuestos», «industrias explotadas por el Estado» y «obras públicas».

de los obreros empleados en las manufacturas del algodón, de la lana y de la seda»[7].

§2. Desde 1900 y **hasta 1923**, esta legislación obrera se hallaba **muy dispersa**, puesto que pretendía resolver sin ninguna guía sistemática las cuestiones sociales de mayor urgencia. Precisamente por razón de su urgencia, el punto de partida de esta nueva legislación lo constituye la promulgación de la **Ley de Accidentes de Trabajo** de 30 enero 1900. Esta ley supuso un punto y aparte, al imponer al empresario la responsabilidad objetiva —esto es, aunque no hubiese mediado su culpa o negligencia— por los accidentes de trabajo ocurridos a sus obreros[8], indicando que era «accidente toda lesión corporal que el operario sufra con ocasión ó por consecuencia del trabajo que ejecuta por cuenta ajena»[9]; razón por la cual quedaba deslegitimada la jurisprudencia civil inmediatamente anterior, en sentido contrario[10].

Se trataba de una reacción frente al Derecho común, pero con instrumentos característicos de este mismo Derecho común, como lo prueba el hecho de que la responsabilidad patronal se tradujese en el pago de «indemnizaciones» tasadas[11], no «pensiones». De hecho, sólo «tras nuestra guerra civil ..., se generaliza hasta llegar a imponerse la palabra "pensión"», siendo un «fenómeno ... ligado a la desaparición del sistema de capitalización en la financiación de los distintos seguros sociales»[12]. En todo caso, la imposición citada de responsabilidad objetiva al

---

7   Sobre el tema, véase Manuel Alonso Olea, *Introducción al Derecho del Trabajo*, 6.ª ed., Civitas (Madrid, 2002), pág. 401. El texto íntegro y actualizado del citado Tableau de Villermé resulta accesible a través de www.sante.gouv.fr/biblrep/8LI1711/Ouvrage.pdf.

8   En efecto, según su artículo 2, «el patrono es responsable de los accidentes ocurridos á sus operarios con motivo y en el ejercicio de la profesión ó trabajo que realicen ...».

9   *Cfr.* artículo 1. Además, ninguna de estas previsiones se vio alterada por la subsiguiente Ley de Accidentes de Trabajo, de 10 enero 1922.

10   Sobre el tema, véase *supra*, Tema 2, §5.

11   *Cfr.* artículo 4.

12   *Cfr.* Ricardo P. Ron Latas, *La incompatibilidad de pensiones en el sistema español de seguridad social*, Civitas (Madrid, 2000), pág. 43.

empresario «estimulaba el aseguramiento volunta-
rio por el patrono de dicha responsabilidad "en una
Sociedad de seguros debidamente constituida"»[13],
bien «mutuas ó por acciones»[14].

El propio año 1900 se promulgaron **otras normas obreras
igualmente sustantivas** de extraordinaria importancia. Tal es
el caso, por ejemplo, de una Real Orden de 2 agosto 1900,
que aprobaba un «Catálogo de mecanismos preventivos de
los accidentes de trabajo» (en talleres, fábricas y canteras;
en la construcción de edificios; en la minería, etc.) —embrión,
por tanto, de lo que luego se llamará «seguridad e higiene en
el trabajo»—, que complementaba por su carácter preventivo
las normas de carácter reparador contenidas en la citada Ley
de Accidentes de Trabajo; o también, de la Ley de 13 marzo
1900, sobre condiciones de trabajo de las mujeres y de los
niños, que pretendía poner fin a la utilización por los patronos
de la época de este tipo de mano de obra más barata (impidiendo contratar niños y niñas menores de 10 años, fijando
las jornadas máximas que podrían exigírseles a los mayores
de esa edad, imponiendo condiciones mínimas en relación
con las trabajadoras embarazadas, etc.). Revolucionaria fue
también en la época la Ley de 3 marzo 1904, sobre descanso
dominical, que declaraba «prohibido en domingo el trabajo
material por cuenta ajena» —visto que era pecado realizar
trabajos manuales en domingo o fiestas de guardar—, obli-
gando por ello a otorgar «al operario á quien no corresponda
descansar en domingo ó día festivo el tiempo necesario para
el cumplimiento de sus deberes religiosos»[15].

---

13   *Cfr.*, citando el artículo 12 de la Ley de Accidentes de Trabajo, Jesús
      Martínez Girón, *Una introducción histórica al estudio de las fuentes del
      Derecho español de la Seguridad Social*, Imprenta Paredes (Santiago
      de Compostela, 1990), págs. 29-30.

14   Según lo dispuesto en el artículo 71 del Real Decreto de 28 julio 1900,
      aprobando el Reglamento para la aplicación de la Ley de Accidentes
      de Trabajo. Las «mutuas» fueron reguladas, por vez primera, en una
      Real Orden de 10 noviembre 1900.

15   *Cfr.* artículo 1, párrafo cuarto. Repárese en que ya por Real Orden de
      26 marzo 1884 se había establecido la obligación de descansar los
      domingos en los trabajos realizados en las obras públicas, afirmando
      que «la observancia del precepto de santificar las fiestas es un deber
      de cuyo cumplimiento no cabe prescindir en manera alguna», y ade-

Ciertamente, la materia relativa al tiempo de trabajo —en la que se inscribe la popularmente denominada en la época «Ley de la silla» de 1912[16]— también ha mantenido siempre una gran resistencia a ser «codificada» junto a otras típicamente laborales. Así, en cuanto al descanso semanal, a la citada Ley de 1904 sucedió un Real Decreto-ley de 8 junio 1925; y en cuanto a la jornada máxima legal —culminando un proceso iniciado en 1902—, por Real Decreto de 3 abril 1919 se fijó dicha jornada máxima en «ocho horas al día, o cuarenta y ocho horas semanales», como regla para todo trabajo[17]. A este último Real Decreto siguió la Ley republicana de jornada máxima de 1 julio 1931, y al Real Decreto-ley de descanso semanal de 1925 siguió la Ley homónima franquista de 13 julio 1940, siendo ambas leyes —la republicana de 1931 y la franquista de 1940— derogadas por el Real Decreto 2001/1983, de 28 julio, dictado en desarrollo del artículo 34 del Estatuto de los Trabajadores de 1980.

Toda esta legislación obrera sustantiva se completó inmediatamente con otras **normas de carácter adjetivo**, que permitían reprimir los incumplimientos de dichas normas obreras sustantivas por parte de los empresarios. Así, en 1906 se

---

más, que «los sentimientos religiosos que nuestra existencia nacional atesora no permiten que España sea en este punto excepción lastimosa respecto á otros países».

16   Se trata de la Ley de 27 febrero 1912, sobre obligación de tener dispuesto un asiento para las mujeres empleadas, cuyo artículo 1, párrafo primero, afirmaba lo siguiente: «En los almacenes, tiendas, oficinas, escritorios, y, en general, en todo establecimiento no fabril, de cualquier clase que sea, donde se vendan ó expendan artículos ú objetos al público, ó se preste algún servicio relacionado con él por mujeres empleadas, y en los locales anejos, será obligatorio, para el dueño ó su representante particular ó Compañía, tener dispuesto un asiento para cada una de aquéllas. Cada asiento, destinado exclusivamente á una empleada, estará en el local donde desempeñe su ocupación, en forma que pueda servirse de él, y con exclusión de los que pueda haber á disposición del público». Como curiosidad, cabe indicar que la Ley de 4 julio 1918, sobre jornada mercantil, afirmó en su artículo 18 que «se aplicará a los dependientes varones comprendidos en esta Ley la de 27 de febrero de 1912, llamada vulgarmente "Ley de la Silla", en la parte que a los mismos pueda ser aplicable». Su derogación formal se produjo por Decreto de 1 marzo 1944, aprobando el Libro II de la Ley de Contrato de Trabajo de 1944.

17   *Cfr.* su artículo 1.

creó la Inspección de Trabajo[18] —en principio dependiente del Ministerio de la Gobernación, pues el Ministerio de Trabajo no se creó hasta 1920[19]—, que tenía por función vigilar el cumplimiento de la citada Ley de Accidentes de Trabajo de 1900 y de las «demás leyes y disposiciones protectoras y reguladoras del trabajo dictadas o que puedan dictarse en lo sucesivo»[20]. Además, en 1908 se crearon tribunales laborales específicos distintos de los tribunales civiles[21], conocidos con el nombre de «Tribunales Industriales» —luego regulados, con relativa perfección, en una Ley de 1912[22]—, que conocían de los pleitos laborales del momento entre obreros

18 Por Real Decreto de 1 marzo 1906.

19 Por Real Decreto de 8 mayo 1920. Las materias atribuidas al Ministerio de Trabajo acreditan lo disperso de la legislación obrera en esta época, pues basta reparar en que al mismo le correspondería «entender, en su respectiva esfera, en la aplicación de las leyes, Reglamentos y disposiciones complementarias sobre accidentes del trabajo, reglamentación del trabajo de mujeres y niños, descanso dominical, descanso nocturno en la industria de la panadería, jornada mercantil, jornada minera, jornada máxima de ocho horas en toda clase de industrias y trabajos, salarios, cantinas obligatorias, huelgas (en su aspecto económico o social), Consejos de conciliación y arbitraje, Comités paritarios, Tribunales industriales, Juntas de Reformas sociales, inspección del trabajo, casas baratas, Instituto de Reformas Sociales, Instituto Nacional de Previsión y demás disposiciones análogas» (*cfr.* artículo 8 del Real Decreto de 29 mayo 1920, organizando los Servicios del Ministerio de Trabajo). Las sucesivas denominaciones del Ministerio de Trabajo, hasta su fecha, pueden verse en Manuel ALONSO OLEA y M.ª Emilia CASAS BAAMONDE, *Derecho del Trabajo*, 23.ª ed., Civitas (Madrid, 2005), pág. 1161, nota 3.

20 *Cfr.* su artículo 1, apartado 4.º. Entre estas disposiciones cabe citar, por ejemplo, algunas muy importantes en materia salarial —reaccionando frente a las insuficiencias del Derecho común—, como una Ley de 12 julio 1906 —reformando la Ley de Enjuiciamiento Civil de 1881—, que vino a combatir la total embargabilidad del salario posible hasta entonces (véase *supra*, Tema 2, §5), o un Real Decreto de 18 julio 1907, que puso fin al sistema de trueque (*truck*) de pago de salarios (esto es, su pago en cosas distintas del dinero), ordenando «el pago de los salarios ... con la moneda de curso legal» (*cfr.* artículo 3) e impidiendo «el abono de salarios en lugar de recreo, taberna, cantina ó tienda, salvo cuando se trate de obreros empleados en alguno de esos establecimientos» (*cfr.* artículo 4).

21 Por Ley de 19 mayo 1908, en aplicación de lo dispuesto en la Ley de Accidentes de Trabajo de 1900, al referirse en su artículo 14 a las futuras «disposiciones relativas á los Tribunales ó Jurados especiales que han de resolver los conflictos que surjan en la aplicación de esta ley».

22 De 22 julio de ese año.

demandantes y empresarios demandados, y que eran órganos jurisdiccionales formados, de un lado, por un «jurado» —compuesto a partes iguales por empresarios y obreros, que fijaba los hechos—, y de otro lado, por el Juez de primera instancia del partido judicial correspondiente, que aplicaba el Derecho.

La propia Ley regulaba la posibilidad de continuar el juicio aun sin la constitución del Tribunal, por inasistencia de dos o más jurados, pues en tal caso «se seguirá el juicio solamente ante el Juez de primera instancia por los trámites del juicio verbal ... de la Ley de Enjuiciamiento Civil»[23]. En cualquier caso, la historia de estos tribunales fue en lo relativo a su jurisdicción «sumamente accidentada y confusa»[24]. Ello se debió a la «proliferación de comisiones y organismos paritarios con funciones de composición o integración de conflictos», en las que lo colectivo y lo individual se entremezclaba[25].

§3. A partir de 1923, durante la **Dictadura de Primo de Rivera**, se da un paso muy significativo hacia la sistematización de la dispersa legislación obrera entonces existente, con la promulgación del Real Decreto-ley de 23 agosto 1926, que aprobó —siguiendo la moda codificadora de aquella época— el llamado «**Código del Trabajo**». Según confesaba su exposición de motivos, este código era una norma en la que «por primera vez ..., aparecen debidamente estructuradas y formando un armónico conjunto, importantes disposiciones que rigen la vida social de nuestro pueblo»[26]. No era tan largo como el Código Civil o las leyes procesales del momento, pues constaba de 499 artículos, agrupados en cuatro libros, de los cuales el Libro primero tuvo en la época un carácter jurídicamente revolucionario.

---

23   *Cfr.* artículo 32.

24   *Cfr.* Manuel ALONSO OLEA, «Notas sobre la historia de los procesos de trabajo», en *Homenaje al profesor Giménez Fernández*, vol. II, Universidad (Sevilla, 1967), pág. 567.

25   *Cfr.* Manuel Carlos PALOMEQUE LOPEZ, *Derecho del Trabajo e ideología*, 5.ª ed., Tecnos (Madrid, 1995), pág. 78.

26   *Cfr.* su exposición de motivos, párrafo primero.

Por oposición, además, a los otros tres libros estructuradores del propio Código. Estos otros libros presentaban, con claridad, un carácter más marcadamente continuista. Así, el Libro segundo («Del contrato de aprendizaje») derogaba la Ley homónima vigente hasta entonces, de 1911, «comprendiendo los preceptos de la [citada] Ley especial ... y los reglamentarios que se ha estimado oportuno consignar»[27]; el Libro tercero («De los accidentes de trabajo»), por su parte, incluía y ordenaba, «tanto la Ley [de 1922] hasta ahora subsistente, como los varios Reglamentos y ... disposiciones ... en su dilatado campo»[28]; y por último, el Libro cuarto («De los Tribunales Industriales») recogía la Ley homónima de 1912, aunque «tendiendo a remediar las deficiencias que la práctica ha hecho advertir»[29].

En efecto, dicho Libro llevaba por título «**Del contrato de trabajo**», y pretendía poner fin al carácter insuficiente y ridículo que tenía la regulación del contrato de arrendamiento de servicios en sólo 5 artículos del Código Civil, vista la fenomenal masa de legislación obrera sustantiva y adjetiva vigente en aquella época. Su regulación del tema, a través de 56 artículos no podía considerarse del todo perfecta. Tiene, sin embargo, el mérito de haber sido la primera regulación del moderno «contrato de trabajo» que estuvo vigente en España.

Hasta la promulgación del Código del Trabajo se había sucedido una serie de intentos de dotar al contrato de trabajo de una regulación legal sistemática, pero todos ellos fracasaron. El primero de estos intentos fue en 1902, al encomendarse a la Comisión General de Codificación la reforma del Código Civil en materia de arrendamiento de obras y servicios, dictando a tal efecto unas «bases» en las que aparece por vez primera en nuestra legislación, como ya se indicó, la

---

27   *Ibidem*, párrafo noveno.
28   *Ibidem*, párrafo décimo.
29   *Ibidem*, párrafo decimocuarto.

expresión «contrato de trabajo»[30]. A este primer intento siguieron otros —ya con el objeto de regular el contrato de trabajo fuera del Código Civil—, elaborándose hasta un total de ocho proyectos de ley distintos, en 1904-05, 1906, 1908, 1910, 1914, 1916, 1919 y 1922-24[31]; proyectos elaborados en el seno del Instituto de Reformas Sociales (salvo los de 1908 y 1919), y cuya extensión respectiva resultaba muy variada, oscilando entre los doce artículos del de 1908 y los ciento siete del de 1919[32].

La sistematización efectuada por este Código del Trabajo de 1926 era, sin embargo, una **sistematización parcial**, que intencionadamente —lo confesaba su exposición de motivos— «no abarca todo el derecho del trabajo»[33]. Quedaba fuera del mismo, por ejemplo, todo lo relativo a los entonces llamados «comités paritarios» —regulados en el Real Decreto-ley de 26 noviembre 1926, aprobando la llamada «Organización Corporativa Nacional»—, los cuales tenían algunas competencias jurisdiccionales que sustrajeron a los Tribu-

---

30   Véase *supra*, Tema 2, §1.

31   Los textos respectivos de todos estos proyectos pueden verse en Antonio Martín Valverde, Fernando Valdés Dal-Re, M.ª Emilia Casas Baamonde, Manuel Carlos Palomeque López, Joaquín García Murcia y Fernando Pérez Espinosa, *La legislación social en la historia de España. De la revolución liberal a 1936*, Congreso de los Diputados (Madrid, 1987), págs. 1122 y ss. En la legislación procesal laboral de la época (esto es, en la Ley de Tribunales Industriales de 1912 y en el Libro IV del Código del Trabajo de 1926), sin duda por inercia, se afirmaba desde 1908 que los Tribunales Industriales eran competentes para conocer «de las reclamaciones civiles que surjan entre patronos y obreros o entre obreros del mismo patrono sobre incumplimiento ó rescisión de los contratos de arrendamiento de servicios, de los contratos de trabajo, ya se trate de contrato individual, ya se trate de contrato colectivo, o de los de aprendizaje» (*cfr.* artículo 435.1.ª del Código del Trabajo de 1926). Esto demuestra la vinculación genética del nuevo contrato de trabajo con el viejo arrendamiento civil de servicios, así como las dificultades para operar el tránsito del segundo al primero.

32   Véase Manuel Alonso Olea, «Los Proyectos de Ley de Contrato de Trabajo del Instituto de Reformas Sociales (En especial en cuanto a los privilegios salariales)», *Revista del Ministerio de Trabajo y Asuntos Sociales. Derecho del Trabajo*, núm. extraordinario (2003), págs. 109 y ss.

33   *Cfr.* su párrafo quinto.

nales Industriales[34], pero que pretendían sobre todo susti-tuir la incipiente negociación colectiva de la época, siempre susceptible de provocar huelgas, a las que generalmente son alérgicas todas las dictaduras[35]. La suplantación la efectua-ban a través de las entonces denominadas «bases de tra-bajo», teniendo a estos efectos los «comités paritarios» en cuestión, competencia para la «reglamentación del trabajo (retribución, horarios, descanso), y en general las que puedan servir de base a los contratos de trabajo»[36].

En Galicia, le debemos a la Dictadura primorriveris-ta la desaparición de los tradicionales foros y subforos agrarios, pues —a través de un sistema de concesión de créditos blandos— los cultivadores pudieron extin-guir dicho tipo de gravámenes reales, haciéndose con la propiedad de la tierra que cultivaban, lo que deter-minó que la nueva Galicia minifundista se convirtiese en lo que es hoy (esto es, en una tierra de trabajadores agrícolas autónomos)[37].

§4. Durante la **Segunda República**, que contó con una Constitución dotada de intenso contenido laboral, se some-tió a revisión la legislación obrera promulgada hasta enton-ces. Entre esta legislación republicana, destaca sobre todo la **Ley de Contrato de Trabajo** de 21 noviembre 1931, que derogó el citado Libro primero del Código del Trabajo de 1926 («Del contrato de trabajo», recuérdese), dándole a este contrato una regulación extraordinariamente perfecta, por medio de

---

34 Lógicamente, ello implicaba la existencia de «dos jurisdicciones de trabajo: una genérica, la de los Tribunales industriales, y otra espe-cífica, la de los organismos paritarios» (*cfr.* Alejandro GALLART FOLCH, *Derecho Español del Trabajo*, Editorial Labor [Madrid, 1936], pág. 329).

35 Precisamente por ello, a estos «comités paritarios» se les atribuía la función de «prevenir los conflictos industriales e intentar solucionar-los, si llegan a producirse» (*cfr.* artículo 17.2.°), así como la de «resolver las diferencias individuales o colectivas entre patronos y obreros que les sometan las partes» (*cfr.* artículo 17.2.°).

36 *Cfr.* su artículo 17.1.°.

37 Al respecto, véase Jesús MARTÍNEZ GIRÓN y Alberto ARUFE VARELA, «Galicia», en José Luis MONEREO PÉREZ, Ángel ARIAS DOMÍNGUEZ, Juan GORELLI HERNÁN-DEZ y Francisco VILA TIERNO (Directores), *Protección social de los trabaja-dores del campo en el Estado social autónomo. Aspectos laborales y de seguridad social*, Laborum (Murcia, 2019), págs. 593 y ss.

los 94 artículos de que constaba. Se trata de una Ley que operó el tránsito de la vieja legislación obrera a la nueva legislación laboral, puesto que consideraba «trabajadores», entre otros muchos, a «los llamados trabajadores intelectuales», rompiendo así la tradicional aplicación de la legislación anterior a ella, incluido el Código del Trabajo de 1926, ceñida sólo a los «obreros» o trabajadores manuales[38].

La Ley republicana de Contrato de Trabajo —aprobada sin debate por las Cortes Constituyentes[39]— acusaba una influencia germánica directa. En efecto, se inspiró en parte en un proyecto de ley alemán anterior (conocido, en reconocimiento al autor del mismo, como «proyecto POTTHOFF»). Así lo señala el primer comentarista contemporáneo de la Ley en cuestión, poniendo como ejemplo los artículos 24 y 25 de la misma, relativos a las invenciones laborales[40].

En el ámbito jurisdiccional, la Segunda República mantuvo los Tribunales Industriales —que pasaron a competir con los nuevos «jurados mixtos profesionales», herederos de los «comités paritarios» primorriveristas, regulados por Ley de 27 noviembre 1931[41]—, aunque completó la jurisdicción laboral de instancia entonces existente con la creación de un Tri-

---

38   *Cfr.* su artículo 6. Sobre el tema, véase Jesús MARTÍNEZ GIRÓN, *La contratación Laboral de Servicios Profesionales*, Servicio de publicaciones de la Universidad (Santiago de Compostela, 1988), pág. 25.

39   Véase Alejandro GALLART FOLCH, *Derecho español del Trabajo*, cit., pag. 51, afirmando que se trata «en conjunto, [de] una obra legislativa excelente», a pesar de la existencia de «algunos defectos de bulto que pudieron haber sido subsanados en una detenida discusión parlamentaria, de que careció (pues las Cortes Constituyentes la aprobaron sin discutirla)».

40   *Cfr.* Juan DE HINOJOSA FERRER, *El contrato de trabajo. Comentarios a la Ley de 21 de noviembre de 1931*, Editorial Revista de Derecho Privado (Madrid, 1932), pág. 71, afirmando que «los artículos referentes a las invenciones de trabajo parecen inspirados en el proyecto de ley alemán de contrato de trabajo de 1921, que las distingue en invenciones libres, invenciones libres aunque de empresa, invenciones de servicio e invenciones de empresa».

41   Sobre la permanencia de los Tribunales Industriales durante la Segunda República, véase Juan MONTERO AROCA, *Los tribunales de trabajo (1908-1938). Jurisdicciones especiales y movimiento obrero*, Secretariado de publicaciones de la Universidad (Valencia, 1976), págs. 79 y 80.

bunal laboral específico de impugnación, que fue la **Sala «de Cuestiones de Derecho social»**, entonces Quinta, del Tribunal Supremo, creada por Decreto de 6 mayo 1931.

En cuanto a la competencia de los Tribunales Industriales y los «jurados mixtos», debía tenerse en cuenta que «los Tribunales industriales no podrán intervenir en las substanciación de reclamaciones originadas por la aplicación de los artículos pertinentes del Código del Trabajo, cuando estén atribuidas por la presente Ley a los jurados mixtos»[42]. Tales materias eran, en lo esencial, las relativas al despido[43] y a los salarios[44]. En cuanto a la Sala Quinta del Tribunal Supremo, su creación se encontraba «sobradamente justificada por el número y la importancia de los asuntos que ordinariamente se tramitan»[45], y con ella se pretendía «dotar a la acción judicial de un órgano supremo adecuado a los imperativos históricos»[46].

Por lo que se refiere a la Administración laboral, la Segunda República procedió a dotar al Ministerio de Trabajo de una estructura periférica, mediante la promulgación de la Ley de 13 mayo 1932, sobre **Delegaciones Provinciales del Ministerio de Trabajo**[47], que subsistieron hasta después incluso de promulgada nuestra Constitución de 1978.

Lógicamente, tras la asunción por las Comunidades Autónomas de las competencias de ejecución de

---

42 Cfr. artículo 72 de la Ley de 27 noviembre 1931.

43 Por aplicación de lo dispuesto en el artículo 45 de la Ley de 27 noviembre 1931. La competencia en cuestión se tomó del Real Decreto de 8 marzo 1929, aprobando el texto refundido sobre «Organización Corporativa Nacional», cuyos artículos 63 y ss. trataban «Del procedimiento en materia de despidos».

44 Por aplicación de lo dispuesto en el artículo 19.2.º de la Ley de 27 noviembre 1931.

45 Cfr. exposición de motivos, párrafo tercero, del Decreto de 6 mayo 1931.

46 Ibidem.

47 A resultas de la promulgación, el mes anterior, de la Ley sobre asociaciones profesionales patronales y obreras, al atribuirse en esta última una serie de competencias precisamente a los Delegados provinciales de Trabajo.

la legislación laboral —ex artículo 149.1.7.ª de la Constitución—, la estructura periférica originaria de la Administración laboral se vio sensiblemente modificada.
En la actualidad, son las Delegaciones provinciales de
las Comunidades Autónomas las encargadas de eje-
cutar la legislación laboral del Estado, según lo dispuesto en sus respectivos estatutos de autonomía y
normas de desarrollo[48]. Por su parte, las Delegaciones provinciales del Ministerio se transformaron inicialmente en Direcciones provinciales[49], quedando
estas últimas suprimidas en marzo de 1999, al or-
denarse su integración en las «áreas funcionales de
Trabajo y Asuntos Sociales» de las Delegaciones del
Gobierno[50].

§5. Tras nuestra guerra civil, el **franquismo** construyó un
abigarrado cuerpo de legislación laboral de signo marcadamente intervencionista —cuyas bases se encontraban contenidas en el Fuero del Trabajo, promulgado en plena guerra
civil, por Decreto de 1 marzo 1938—, en el que tres normas
marcaron la impronta de los cuarenta años que prácticamente duró.

El modelo de referencia inicial del franquismo fue
más el del fascismo italiano de los años 20 y 30 del
siglo pasado, que el del nazismo alemán, influyendo
en ello razones de proximidad cultural, incluidas las
idiomáticas[51].

---

48 En el caso de la Comunidad Autónoma de Galicia, por ejemplo, véanse
    los artículos 29.1 y 41 de su Estatuto de Autonomía, aprobado por Ley
    Orgánica 1/1981, de 6 abril.

49 *Cfr.* Real Decreto 1801/1981, de 24 julio, de reforma de la Administra-
    ción periférica del Estado (en especial, su artículo 5), derogado por
    Real Decreto 1330/1997, de 1 agosto, de integración de servicios pe-
    riféricos y de estructura de las Delegaciones del Gobierno (dictado
    en desarrollo de la Ley 6/1997, de 14 abril, de organización y funciona-
    miento de la Administración General del Estado).

50 *Cfr.* disposición final 2.ª.2 del Real Decreto 2725/1998, de 18 diciem-
    bre, de integración de las Direcciones Provinciales de Trabajo, Seguri-
    dad Social y Asuntos Sociales (en cumplimiento de lo dispuesto en la
    disposición final 1.ª del Real Decreto 1330/1997 [cit. nota anterior]).

51 Para la discusión del tema, véase Antonio Vicente SEMPERE NAVARRO,
    Nacionalsindicalismo y relación de trabajo, Akal (Madrid, 1982),
    págs. 22 y ss.

En primer lugar, la Ley Orgánica de la Magistratura del Trabajo de 17 octubre 1940, que creó —en sustitución de los Tribunales Industriales y Jurados Mixtos republicanos, declarados extintos ya en 1938[52]—, de un lado, las **Magistraturas de Trabajo**, como únicos órganos jurisdiccionales laborales de instancia radicados en cada capital de provincia; y de otro lado, el **Tribunal Central de Trabajo** —se mantuvo, sin embargo, la Sala de lo Social del Tribunal Supremo[53], asegurándose su supremacía jurisdiccional sobre el Tribunal Central de Trabajo, a través del recurso en interés de la ley[54]—, radicado en Madrid y con competencia para conocer en vía de recurso de las resoluciones dictadas por los magistrados de trabajo. Curiosamente, el Libro IV del Código del Trabajo de 1926 —que contenía las normas procesales aplicadas por los viejos Tribunales Industriales— mantuvo su vigencia

---

52   *Cfr.* artículo 1 del Decreto de 13 mayo 1938, sobre «supresión de Jurados Mixtos y creación de Magistraturas de Trabajo».

53   Siguió siendo Sala 5.ª hasta la promulgación del Decreto de 14 junio 1957, que procedió a crear una Sala más de lo contencioso-administrativo (hasta entonces había dos), que «se denominará Sala Quinta, pasando a llamarse Sala Sexta la que en la actualidad ostenta aquel nombre» (artículo 1), esto es, la Sala de lo Social del Tribunal Supremo. Esta última se mantuvo como Sala 6.ª hasta la entrada en vigor de la Ley 38/1988, de 28 diciembre, de demarcación y planta judicial, en la que se afirma que «las actuales Salas Tercera, Cuarta y Quinta de lo Contencioso-Administrativo del Tribunal Supremo se constituirán en Sala única de lo Contencioso-Administrativo» (artículo 28.1), por lo que la Sala de lo Social del Tribunal Supremo pasó a convertirse en Sala 4.ª del mismo.

54   Este recurso fue creado por Ley de 22 diciembre 1949, y podía interponerlo el Ministerio Fiscal contra las sentencias dictadas por el Tribunal Central de Trabajo cuando estimase que la doctrina sentada por las mismas era dañosa o errónea, aunque teniendo en cuenta que, si el Tribunal Supremo estimaba el recurso, quedaba intacta la situación jurídica creada por el fallo que se recurrió. La regulación de esta Ley de 1949 pasó íntegra, salvo algún retoque, a nuestra Ley de Procedimiento Laboral de 1958. Tras la creación del proceso laboral especial de conflictos colectivos en 1963, las sentencias dictadas por el Tribunal Central de Trabajo sobre dicha materia (resolviendo los recursos entonces denominados «de alzada», y de «suplicación especial», desde 1980) eran irrecurribles por esta vía en interés de la ley. Sobre los detalles procesales de este tema, véase Juan Montero Aroca, *El proceso laboral*, t. II, Bosch (Barcelona, 1981), págs. 133 y ss.

durante muchos años. Más en concreto, hasta 1958, que fue cuando se promulgó nuestra primera Ley de Procedimiento Laboral[55].

Lógicamente, en la evolución de este tema sigue resultando preciso distinguir los aspectos orgánicos y los procesales. En cuanto a los primeros, la Ley Orgánica de 1940 se mantuvo operativa hasta su completa derogación por la vigente Ley Orgánica 6/1985, de 1 julio, del Poder Judicial, que en el ámbito jurisdiccional laboral instauró los Juzgados de lo Social (en sustitución de las Magistraturas de Trabajo)[56] y las Salas de lo Social de los Tribunales Superiores de Justicia de las Comunidades Autónomas (en sustitución del Tribunal Central de Trabajo)[57]. Por lo que toca a los segundos, entre la primera Ley de Procedimiento Laboral, de 1958 (que fue un texto refundido) y la séptima de 1995 (que también es un texto refundido), se sucedieron los textos de 1963 (refundido), 1966 y 1973 (articulados), 1980 (refundido) y 1990 (articulado).

En segundo lugar, la Ley de 16 octubre 1942, sobre **Reglamentaciones Nacionales de Trabajo**. Formalmente, se trataba de órdenes ministeriales (del Ministerio de Trabajo) que fijaban todas las condiciones de trabajo (jornada, categorías profesionales, salarios, etc.) a las que debían ajustarse los contratos de trabajo, por sectores económicos (comercio, hostelería, construcción, etc.) o, como se decía

---

55   Por Decreto de 4 julio 1958. Como confesaba su exposición de motivos —respecto de la vigencia del Código del Trabajo de 1926—, «el proceso laboral está regulado actualmente por normas a las que las partes y el Magistrado han de acomodar su actuación, pero tales reglas se hallan diseminadas en multitud de disposiciones (Código de Trabajo de 1926 ...» (*cfr.* su párrafo primero).

56   Por aplicación de lo dispuesto en los artículos 43 y 60 de la Ley 38/1988, de 28 diciembre, de demarcación y de planta judicial, los Juzgados de lo Social entraron en funcionamiento el 19 enero 1989.

57   Por acuerdo del Consejo General del Poder Judicial de 10 mayo 1989 —cumpliendo lo dispuesto en los artículos 32.4 y 36.2 de la citada Ley 38/1988—, el Tribunal Central de Trabajo quedó definitivamente suprimido el 23 mayo 1989.

entonces, por «ramas de la producción»[58]. Pretendían, en un primer momento, llenar el vacío dejado por la prohibición de negociar convenios colectivos; prohibición apuntalada con la proscripción del sindicalismo libre, también contenida en el Fuero del Trabajo.

Luego debieron coexistir con los convenios colectivos, cuando en 1958 se aprobó la primera Ley franquista de «convenios colectivos sindicales» (luego sustituida por la segunda Ley franquista de tales convenios de 1973)[59], cambiando incluso algunas de ellas de nombre —aparte el hecho de que, como era lógico, dejaron de regular los salarios—, pues a partir de 1964 se conocen también con la denominación de «**Ordenanzas Laborales**»[60]. Sólo desaparecieron definitivamente el 31 diciembre 1995, tras haberse convertido en normas meramente dispositivas —que los convenios colectivos podían expresamente derogar—, a partir de 1977[61].

La caducidad automática de todas las «reglamentaciones nacionales de trabajo» y «ordenanzas laborales» vigentes hasta el citado 31 diciembre 1995, fue ordenada por la disposición transitoria 2.ª del Estatuto de los Trabajadores de 1980, en la redacción que le dio la Ley 11/1994, de 19 mayo[62].

---

58 Aunque también había reglamentaciones de empresa, como, por ejemplo, la de Telefónica, aprobada por Orden Ministerial de 10 noviembre 1958; o la de RENFE, aprobada por Orden Ministerial de 22 enero 1971.

59 Sobre esta legislación franquista de convenios colectivos, véase *infra*, Tema 4, **§7**.

60 La primera de estas «Ordenanzas Laborales» fue la de la Industria Hullera para las provincias de León, Palencia, Ciudad Real, Córdoba y Sevilla, aprobada por Orden Ministerial de 18 mayo 1964. También había «Ordenanzas» de empresa, como, por ejemplo, las de Radio Nacional de España y de Televisión Española, aprobadas por sendas Ordenes Ministeriales de 14 julio 1971.

61 Por aplicación de lo dispuesto en los artículos 28 y 29 del Real Decreto-ley 17/1977, de 4 marzo, sobre Relaciones de Trabajo.

62 Sobre el tema, véase Joaquín García Murcia, *La reglamentación sectorial del trabajo. De la intervención pública a la autonomía colectiva*, Civitas (Madrid, 2001), págs. 15 y ss.

En tercer lugar, la **Ley de Contrato de Trabajo franquista** de 1944[63], que copió en buena medida su precedente republicana de 1931 —aunque suprimiendo sistemáticamente, por razones obvias, todas sus referencias a convenios colectivos, sindicatos, huelgas y «lock-outs»—, luego complementada en 1976 por la Ley tardofranquista «de relaciones laborales»[64], siendo ambas derogadas con la promulgación del Estatuto de los Trabajadores de 1980[65].

No obstante, la Ley franquista de Contrato de Trabajo se mantuvo parcialmente en vigor incluso después de 1980, aunque degradada a rango reglamentario —por aplicación de lo dispuesto en la disposición final cuarta, párrafo primero, del Estatuto de los Trabajadores de 1980[66]—, produciéndose su completa desaparición en mayo de 1994, al derogarse expresamente la citada disposición final[67].

En fin, **el propio Estatuto de los Trabajadores de 1980**, promulgado para dar cumplimiento a lo dispuesto en el artículo 35, apartado 2, de nuestra vigente Constitución («la ley regulará un estatuto de los trabajadores»), también **es ya historia**, pues sólo sobrevivió tres lustros, habiendo sido derogado y sustituido en 1995 por una segunda versión del mismo[68], la

---

63 Texto refundido aprobado por Decreto de 26 enero 1944, que se refiere al Libro I de la misma, justamente el relativo al contrato de trabajo. Su Libro II, relativo al contrato de embarco, al contrato de trabajo a domicilio, al contrato de aprendizaje, al contrato de trabajo de las mujeres y al contrato de trabajo de los menores, fue aprobado por Decreto de 1 marzo 1944.

64 Se trata de la Ley 16/1976, de 8 abril, dada con el «propósito de actualización y perfeccionamiento de aspectos fundamentales de la normativa de trabajo, introduciendo normas nuevas o la actualización de otras que se consideran superadas por la realidad» (*cfr.* su exposición de motivos, párrafo primero).

65 *Cfr.* su disposición final 3.ª.1 y 14.

66 Según la cual, «las disposiciones con rango de Ley que regulan cuestiones relativas a jornada, salarios y cualesquiera otros aspectos y circunstancias de las relaciones laborales individuales no reguladas por esta Ley, continuarán en vigor en calidad de normas reglamentarias».

67 *Cfr.* disposición derogatoria única, párrafo primero, de la citada Ley 11/1994, de 19 mayo.

68 Promulgada por Real Decreto Legislativo 1/1995, de 24 marzo.

cual también es en la actualidad y a su vez sólo historia, al haber sido derogada en 2015 por la tercera y actualmente vigente versión del mismo.

TEMA 4

EL MOVIMIENTO OBRERO

§1. La expresión «movimiento obrero» es una metáfora. Con ella, pretende aludirse a la reacción de la nueva «clase social» de los obreros, uniéndose, frente a la situación de explotación a que comenzó a estar sometida tras la desaparición, a partir de 1812, del Antiguo Régimen. A esta reacción alude ya, porque tenía cierta perspectiva, la exposición de motivos del Real Decreto de 5 diciembre 1883, de creación de la Comisión de Reformas Sociales, en la que se afirma que «numerosos síntomas revelan que las **clases obreras** sienten el vivo estímulo de necesidades que importa remediar, o aliviar», habiendo «motivo para temer que las corrientes ... por donde va encauzándose este **movimiento**, torcieran su rumbo ... e hicieran así precaria la paz y las relaciones entre los dos grandes factores de la producción: el trabajo y el capital».

En esta misma exposición de motivos se afirmaba, igualmente que «hay que tener en cuenta, además, que *otra parte de este movimiento* parece huir de las

vías legales ..., disponiéndose ... a formar esas sociedades misteriosas encaminadas a fines criminales,
para los que ha sido y será de nuevo necesario que la
sociedad reserve sus más terribles rigores»[1].

§2. El estudio de la historia del «movimiento obrero» español puede dividirse convencionalmente en **cinco etapas**, respectivamente marcadas: 1) hasta el año 1848, por su represión, aplicando la legislación penal contenida en la Novísima
Recopilación de 1805 (*cfr. infra*, §3); 2) a partir de esa fecha,
porque de nuevo continuó siendo reprimido, pero aplicando
ahora los Códigos Penales de 1848, 1850 y 1870 (*cfr. infra*,
§4); 3) a partir de 1909, porque su represión cambió de signo,
al dejar de usarse los Códigos Penales para materializarla, y
pasar a utilizarse el Código Civil (*cfr. infra*, §5); 4) tras la proclamación de la Segunda República, porque se eliminó la
tradicional represión del mismo, por vez primera en nuestra
historia (*cfr. infra*, §6); y 5) tras nuestra guerra civil, porque
España volvió a repetir la citada historia represiva, incluso
desde el punto de vista de la represión penal, durante los casi
cuarenta años que duró el franquismo (*cfr. infra*, §7)[2].

Las referencias a «huelgas» en períodos anteriores
a 1812 (por ejemplo, de esclavos, durante el Imperio
Romano) hay que considerarlas un inadmisible anacronismo histórico, equivalente a los de hablar, por
ejemplo, de «seguridad social en Roma», de «negociación colectiva durante la Edad Media», de «Estado

---

1 Sobre este lenguaje del miedo, véase Alfredo Montoya Melgar, *Ideología y lenguaje en las leyes laborales de España (1873-1978)*, Civitas
(Madrid, 1992), págs. 33 y ss.

2 Para las fuentes normativas a que va a aludirse, resulta imprescin-
dible Antonio Martín Valverde, Fernando Valdés Dal-Re, M.ª Emilia
Casas Baamonde, Manuel Carlos Palomeque Lopez, Joaquín García
Murcia y Fernando Pérez Espinosa, *La legislación social en la historia
de España. De la revolución liberal a 1936*, Congreso de los Diputados
(Madrid, 1987), págs. 3 y ss.; para la jurisprudencia penal del siglo XIX,
Manuel Ramón Alarcón Caracuel, *El derecho de asociación obrera en
España (1839-1900)*, Ediciones de la Revista de Trabajo (Madrid, 1975),
págs. 47 y ss. Desde una perspectiva comparatista, véase Gonzalo
Diéguez, «Notas sobre la evolución del Derecho de coaliciones», *Revis-
ta de Política Social*, núm. 77 (1968), págs. 95 y ss.

español (o francés) en el siglo XV» (antes, por tanto, de Jean BODIN) o de «clases sociales en el siglo XVIII» (antes, por tanto, de Karl MARX)[3].

§3. El presupuesto del nacimiento del «movimiento obrero» fue la industrialización, inmediatamente subsiguiente a la eliminación de los gremios. Esta eliminación, como se vio, fue operada por el Decreto de las Cortes de Cádiz de 8 junio 1813[4], en el que se afirmaba que «todos los españoles y los extranjeros avecindados, o que se avecinden en los pueblos de la Monarquía, podrán libremente establecer las **fábricas o artefactos de cualquiera clase** que les acomode, sin necesidad de permiso ni licencia alguna, con tal que se sujeten a las reglas de policía adoptadas, o que se adopten para la salubridad de los mismos pueblos» (artículo I). La aplicación industrial de los nuevos «artefactos», máquinas o invenciones técnicas —señaladamente, en la industria textil, la máquina de vapor y sus derivados[5]—, que permitían fabricar más con el empleo de menos obreros, fue la causa más lejana de las primeras revueltas de éstos.

El fenómeno de la destrucción por los obreros de la nueva maquinaria industrial (conocido con el nombre de «ludismo»)[6] aparece tempranamente registrado en una Real Orden de 24 junio 1824.

Fue promulgada a instancia de cierto «fabricante de paños y balletas en la villa de Camprodón en Cataluña, en que de resultas de haberse arrojado una mul-

---

3   Sobre el anacronismo histórico como pecado capital del historiador del Derecho, tan frecuentemente cometido por el historiador de la Economía, véase Alfonso OTERO VARELA, «Historia del Derecho criminal en Compostela», *Dereito. Revista Xurídica da Universidade de Santiago de Compostela*, volumen 8-número 1 (1999), págs. 141 y ss.

4   Sobre él, recuérdese lo dicho *supra*, Tema 2, §3.

5   Imprescindible, véase Manuel ALONSO OLEA, *Introducción al Derecho del Trabajo*, 6.ª ed., Civitas (Madrid, 2002), págs. 363 y ss.

6   La palabra proviene de la «Inglaterra de los comienzos de la época industrial» y, más en concreto, «de Ned Lud, líder obrerista que capitaneó los primeros rompe-máquinas, en Sheffield, en protesta del paro tecnológico que suponía el empleo» de las mismas [*cfr.* José Antonio YVORRA, *Los orígenes del derecho de asociación laboral en España (1800-1869)*, Cátedra Fadrique Furio Ceriol de la Facultad de Derecho (Valencia, 1978), pág. 71, nota 102].

titud desenfrenada a desmontar las máquinas de hilar y cardar de sus fábricas», se solicitaba por él «que no se repitan estos excesos». Esta norma, sentaba la regla de que «tampoco debe obligarse a los fabricantes a que empleen otros brazos y gastos que los necesarios, proporcionándoles las máquinas la economía, igualdad y perfección que no logran con aquellos». Y sobre esta base, dispuso —entre otras varias cosas— lo siguiente: 1) que «se llamen a presencia del Ayuntamiento las manos cesantes, sus padres, maridos y gefes de las familias en pequeño número de cada vez, y les instruya del bien que trae el uso de las máquinas»; 2) que «se encargue a los Gefes de la fuerza armada cooperen a la protección de las fábricas y a precaver todo desorden»; y 3) que «se procure eficazmente emplear en caminos, obras públicas de la provincia y otras labores análogas a estos brazos, que claman por ocupación, y abrigan, aunque callen, la inquietud y descontento a la par de su miseria mientras no se les proporciona útiles tareas».

La palabra «proletario», en su sentido tradicional romano —persona carente de bienes distintos de su propia prole—, reaparece en la exposición de motivos del Estatuto Real de 1834, al hilo de la justificación de las restricciones al derecho de sufragio, en la que expresamente se mencionan las «turbas de *proletarios*».

Asumido —por inevitable— el nuevo fenómeno del maquinismo industrial[7], los obreros reaccionaron en un segundo momento contra los fabricantes, con la finalidad de remover las penosas condiciones de trabajo existentes en las nuevas fábricas de aquella época (sobre todo, de la industria textil), uniéndose los que tenían un mismo oficio. A este efecto, el único cauce ofrecido por la legislación de entonces era una Real Orden Circular de 28 febrero 1839, que permitía a

---

7 Un «Bando» del Capitán General de Cataluña de 25 julio 1854 registra un nuevo rebrote de «ludismo», a propósito de habérsele presentado a dicha autoridad «una comisión de la clase de hiladores manifestándome los perjuicios que se le siguen», por causa de la utilización por los fabricantes textiles de «las máquinas de nueva invención conocidas por selfactinas».

los obreros constituir «sociedades de socorros mutuos», poniendo «en común el producto de sus economías» o ahorros, con el fin «de auxiliarse mutuamente en sus desgracias, enfermedades, etc.». Y con amparo en esta norma, se constituyó en 1840 la «**Sociedad de Tejedores de Algodón de Barcelona**», que es el primer sindicato —en el sentido moderno del término— del que se tiene noticia en España.

En realidad, dicha Real Orden Circular de 1839 pretendía, en materia de protección social, cubrir el vacío dejado por la definitiva liquidación de los gremios, que había sido confirmada sólo tres años antes[8].

La actividad de este primer sindicato de oficios —que propugnaba la subida de jornales—, al exceder la propia de una mera «sociedad de socorros mutuos», fue sistemáticamente reprimida, mediante la **aplicación de la legislación penal** vigente en aquella época. Lo prueba, tras diversas vicisitudes marcadas por otros tantos «Bandos» de la autoridad gubernativa, el hecho de que se ordenase su disolución por medio de un «Bando» del capitán general y jefe político de Barcelona, de fecha 16 enero 1843. En esta norma gubernativa, se invocaban expresamente —para justificar que se disolviese— «las leyes 12 y 13, título 12, libro 12, de la Novísima recopilación [de 1805] y ... demás disposiciones vigentes contra los perturbadores del orden público».

En las leyes en cuestión, tal y como aparecen recopiladas en la Novísima, son una de 1462 (sobre «Revocación y prohibición de cofradías y cabildos, no siendo para causas pías y con Real licencia») y otra de 1552 (sobre que «Las cofradías de oficiales se deshagan, y no las haya en adelante»).

Un «Bando» posterior del gobernador superior político de Barcelona de 21 octubre 1844, relativo a las «diferencias que se suscitasen entre los fabricantes y tejedores de esta capital», lo primero que ordenaba

---

8   Acerca de este Decreto de 6 diciembre 1836, definitivamente finiquitador de los gremios, véase *supra*, Tema 2, **§4**. Sobre las «sociedades de socorros mutuos», véase Jesús Martínez Girón, *Una introducción histórica al estudio de las fuentes del Derecho español de la Seguridad Social*, Paredes (Santiago de Compostela, 1990), págs. 20 y ss.

y mandaba, literalmente, es que «el precio de la mano de obra será enteramente libre y convencional entre el fabricante y el operario».

El Código Penal de 1822, silente sobre el tema de las «coligaciones» obreras, resultó un fracaso («no llegó a ser puesto en práctica por los Tribunales»)[9], habiendo sido derogado —como el resto de la legislación promulgada durante el denominado Trienio Liberal— en 1823, con el consiguiente «restablecimiento de la legislación criminal del Antiguo Régimen recogida en la Novísima Recopilación y en las Partidas»[10].

§4. La siguiente etapa represora se abre con la promulgación del Código Penal de 1848, cuyo artículo 450 consideraba delito contra la propiedad —y más en concreto, delito de maquinación para alterar el precio de las cosas— la conducta de «los que se coligaren con el fin de encarecer o abaratar abusivamente el precio del trabajo, o regular sus condiciones», que castigaba con pena de arresto mayor y multa. El tenor de este precepto fue luego reproducido por el artículo 461 del Código Penal de 1850; y también, por el artículo 556 del Código Penal de 1870, que mantuvo la pena de arresto mayor, aunque eliminó la de multa. Tras una primera fase de represión penal indiscriminada de las formalmente denominadas ahora «**coligaciones» obreras** —y por tanto, del sindicalismo de entonces (de momento, organizado por oficios, como en la etapa anterior)—, esta nueva etapa acabó caracterizándose por dos hechos fundamentales.

Un «Bando» del gobernador de Barcelona de 25 febrero 1850, dado en plena vigencia del Código Penal de 1848, constituye una muestra perfecta del citado primer momento de represión penal indiscriminada, pues en él se ordenaba y mandaba que «todo individuo, sea fabricante u obrero, que pertenezca a asociaciones que no se hallen debidamente autorizadas, será inmediatamente puesto a disposición de los tribunales de justicia para ser juzgado como contraventor a las leyes que pro-

---

9   Véase José Antón Oneca, «Historia del Código Penal de 1822», *Anuario de Derecho Penal y Ciencias Penales*, tomo 18-2 (1965), pág. 274.

10   Véase Emma Montanos Ferrín y José Sánchez-Arcilla, *Historia del Derecho y de las Instituciones*, t. III, Dykinson (Madrid, 1991), págs. 512-513.

híben las sociedades secretas»; y además, que «los que se coligaren para exigir el asentimiento a sus exigencias, procedan o no con amenazas, serán igualmente puestos a disposición de los tribunales de justicia».

Respecto del Código Penal de 1850, resulta de interés otro «Bando» del gobernador civil de Barcelona de 30 abril 1855, en el que —además de afirmarse que «no se autoriza asociación alguna, sea de la clase que fuere, sino circunscrita a la localidad y limitada meramente a objetos filantrópicos»— se conminaba con la aplicación del artículo 461 de dicho Código Penal a los «que se coligaren para encarecerlo y a este fin abandonaren el trabajo», reputando expresamente el «abandono de la fábrica» por los obreros como una «especie de coacción».

El delito citado de maquinación para alterar el precio de las cosas presuponía que el trabajo era una «cosa» (y consecuentemente, una mercancía con su precio corriente o de mercado).

En primer lugar, el hallazgo —en 1871— de que **no todas** las «coligaciones» de obreros dirigidas a «encarecer ... el precio del trabajo, o regular sus condiciones», **resultaban delictivas**, sino sólo las que fuesen «abusivas», visto el adverbio («abusivamente») que modalizaba, ya desde 1848, el correspondiente tipo penal; modalización que exigía tener en cuenta, además, que en dicho tipo penal el «abuso» obrero sólo existía si se empleaban violencias, amenazas o cualesquiera otros medios comisivos análogos —pero excluida la «huelga»—, que tuviesen el carácter de delito o falta, según el propio Código Penal de 1870.

El hallazgo en cuestión se debe a una circular de la Fiscalía del Tribunal Supremo de 23 noviembre 1871, acerca del derecho de asociación y de las huelgas[11].

---

11 Su párrafo decisivo, con deliberada intención pedagógica, afirmaba lo siguiente: «Que los obreros de una fábrica de curtidos, por ejemplo, se reúnan y se asocien para tratar de mejorar su condición; que uno de ellos diga a los demás: "Nosotros ponemos en la fábrica un trabajo que vale por sus productos veinte reales al día, y recibimos solamente doce: salimos perjudicados en ocho reales diarios, y beneficiado injusta o inequitativamente el dueño de la fábrica; o se nos da el jornal de cinco pesetas que ganamos, o no trabajamos más en ella". Y si los reunidos aplauden esta manifestación y la ponen en conocimiento del

En segundo lugar, y sobre dicha base, la irresistible tendencia del sindicalismo a medida que avanzaba esta etapa a dejar de ser un mero sindicalismo por oficios, para pasar a convertirse en un auténtico sindicalismo «de clase» (esto es, de absolutamente todos los oficios y, por tanto, de toda la «clase obrera»), también llamado sindicalismo vertical, industrial o general[12]. En esto, influyó decisivamente la constitución en Londres de la «Primera Internacional» obrera[13], según refleja nuestra jurisprudencia penal de los años 1878, 1879 y 1884[14]. Y esta tendencia irresistible fructificó poco después, al constituirse en Barcelona —al amparo de la primera Ley (general) española de asociaciones de 1887— la «**Unión General de Trabajadores**», que es el más linajudo de los sindicatos «de clase» existentes hoy, al remontarse su creación a 1888, sólo un año después de promulgada la recién citada Ley general de asociaciones[15].

Prueban el influjo de la «Primera Internacional» en el sindicalismo español de la época, por ejemplo: 1) una

---

fabricante, y éste mantiene el jornal de los doce reales que los obreros no quieren recibir y se constituyen en *huelga*; todo esto se hace por uno y por los otros *con perfecto derecho*: éstos, no queriendo dar su trabajo por menor precio del que a su parecer merece, y el fabricante negándose a dar a su capital menor interés del que hasta entonces le producía, y que quiere que continúe produciéndole».

12   Esta tendencia se detecta ya en 1861, pues una Real Orden de 10 junio de dicho año denegó licencia a «don José Grané y otros, de Barcelona, en solicitud de autorización para establecer sociedad de socorros mutuos *entre la clase fabril obrera* de esa ciudad», puesto que «no puede concederse la autorización general e indeterminada que pretenden».

13   Se constituyó «en 1864» y fue la primera de las «cuatro internacionales obreras» (las otras tres corresponden a los años 1889, 1919 y 1938), jugando en ella «Marx, aunque "sólo de un modo relativo le era posible incluir en el programa de la Internacional sus teorías políticas y sociales desarrolladas en el *Manifiesto Comunista* de 1848", "... un papel decisivo en la redacción de los estatutos provisionales y del Comunicado inaugural"» (*cfr.* Xosé Manuel CARRIL VÁZQUEZ, *Asociaciones sindicales y empresariales de carácter internacional*, Comares [Granada, 2003], págs. 2-3). Como se sabe, el citado *Manifiesto Comunista* de 1848 concluía con la siguiente invitación: «¡Proletarios de todos los países, uníos!».

14   Acerca de la ilegalización de la «Primera Internacional» en España, analizando los períodos comprendidos entre 1864-1870, 1871-1873 y 1874-1888, véase Xosé Manuel CARRIL VÁZQUEZ, *Asociaciones sindicales y empresariales de carácter internacional*, cit., págs. 4 y ss.

15   En el artículo 1 de dicha Ley, de fecha de 30 junio 1887, se afirmaba que «el derecho de asociación que reconoce el artículo 13 de la

Sentencia del Tribunal Supremo (Sala 2.ª) de 11 enero 1878, absolviendo a ciertos obreros, pues «no debió la Sala condenarlos por la única circunstancia de confesar haber pertenecido a la Asociación de la *Internacional* de papeleros de Cocentaina, que no consta estuviera afiliada a la general»; 2) una Sentencia del Tribunal Supremo (Sala 2.ª) de 19 junio 1879, en la que se declara que «la Asociación titulada *Internacional* de los trabajadores, Sección de tejedores de Bocairente, por su objeto de conseguir aumento de jornal o precio del trabajo y disminución de horas del mismo, no contraría a las reglas y preceptos de moral, ni fue por consiguiente ilícita», aunque «coligados éstos y los demás procesados para encarecer el precio de su trabajo y regular además sus condiciones de duración, al hacerlo abusivamente empleando al efecto la coacción y la amenaza, es visto que incurrieron en delito, conforme al artículo 556 [del Código Penal de 1870]»; y 3) una Sentencia del Tribunal Supremo (Sala 2.ª) de 8 octubre 1884, indicando que «sólo se afirma concretamente de ["la reunión o sociedad de trabajadores de Ardales"]... que su principal objeto era el de la instrucción y socorro mutuo de los asociados; pero aun cuando además se añade que era federada de otras asociaciones de obreros, que obedecía los estatutos y reglamentos de la *Asociación Internacional*, que se había sometido a los acuerdos adoptados en dos congresos celebrados, uno en Sevilla y otro en Barcelona; que habían contribuido al sostenimiento de una huelga y se proponían el sostenimiento de otra por medio de cajas de resistencia, no se determina qué acuerdos fueron los obedecidos, ni qué prescribían los estatutos y reglamentos a que se sometieron, ni con qué condiciones favorecían las huelgas; todo lo cual hubiera sido preciso hacer constar para saber si los asociados se habían encerra-

---

Constitución [de 1876] podrá ejercerse libremente conforme a lo que se preceptúa en esta Ley» (inciso 1.º), que «en su consecuencia, quedan sometidas a las disposiciones de la misma las asociaciones para fines religiosos, políticos, científicos, artísticos, benéficos y de recreo, o cualesquiera otros lícitos, que no tengan por único y exclusivo objeto el lucro o la ganancia» (inciso 2.º); y por último —con evidente anacronismo—, que «se regulan también por esta Ley los gremios, las sociedades de socorros mutuos, de previsión de patrono y las cooperativas de producción, de crédito o de consumo» (inciso 3.º).

do dentro de los límites trazados por la Constitución o si los habían rebasado».

La laminación del anarcosindicalismo —luego gran competidor, en el siglo XX, del sindicalismo de corte socialista representado por la UGT— fue certificada en esta época por una Sentencia del Tribunal Supremo (Sala 2.ª) de 28 enero 1884, según la cual «siendo principios fundamentales de la asociación titulada Federación de trabajadores, de que los recurrentes formaban parte, la anarquía y el colectivismo, y proponiéndose emprender y sostener la lucha del trabajo contra el capital y de los trabajadores contra la burguesía, es indudable que dicha asociación, tanto por su objeto como por sus circunstancias, es contraria a la moral pública, contradiciendo como contradice el principio más fundamental del orden social, cual es el de la Autoridad y la propiedad industrial».

La «Fiesta del Trabajo» (conmemorando los «sucesos» de Chicago de 1 mayo 1886, con el telón de fondo de la reivindicación obrera de una jornada de ocho horas) se celebró por vez primera en España el 1 mayo 1890, precisamente con activa participación de la UGT[16]. Este gran sindicato trasladó su sede central a Madrid en 1899. Paradójicamente, dicha fiesta no se celebra en los Estados Unidos el 1 de mayo, sino el primer lunes de septiembre, debiéndose ello a una decisión adoptada en 1887 por el Presidente Grover Cleveland, con la que pretendía que se olvidasen (como de hecho acabó ocurriendo) los citados «sucesos» de Chicago (consecuentemente, a partir de 1887, los trabajadores norteamericanos pasaron a disfrutar de un *weekend* retribuido más largo, al prolongarse del domingo al lunes)[17].

§5. La posibilidad general de que los obreros pudiesen asociarse libremente para la defensa de sus intereses, por pura lógica, provocó que el delito de «coligación» —últimamente tipificado, recuérdese, en el artículo 556 del Código

---

16   Véase Manuel Ramón Alarcon Caracuel, *El derecho de asociación obrera en España (1839-1900)*, cit., pág. 243.

17   Al respecto, véase Alberto Arufe Varela y Jesús Martínez Girón, *Los libros norteamericanos sobre los jueces de la Corte Suprema de los Estados Unidos. Por la senda de los Estados Unidos en sus libros*, Atelier (Barcelona, 2023), pág. 83.

Penal de 1870— acabase convirtiéndose en un tipo delictivo anacrónico. De ahí la promulgación de la **Ley de 27 abril 1909, de «huelgas y coligaciones»**. En ella, además de indicarse que «las Asociaciones legalmente constituidas podrán formar o sostener coligaciones, huelgas o paros con arreglo a lo dispuesto en la presente Ley» (artículo 9, párrafo primero), se afirmaba que «quedan derogados el artículo 556 del Código penal y todas las demás disposiciones que sean contrarias a lo establecido en la presente Ley» (artículo 11).

La promulgación de esta Ley fue precedida por la promulgación simultánea y en la misma fecha —19 mayo 1908— de otras dos Leyes, con las que esta otra de 1909 formaba un todo. Se trata, de un lado, de nuestra primera Ley de Tribunales Industriales[18]; y de otro lado, de la Ley de Consejos de Conciliación y Arbitraje Industrial, que eran organismos llamados a intervenir «cuando se prepare una huelga, o por lo menos antes de que transcurran veinticuatro horas desde que estalló» (artículo 1). Estas dos Leyes de 1908 prefiguran de algún modo la distinción entre «conflictos individuales» y «conflictos colectivos» de trabajo.

Téngase en cuenta que en esta época la legislación utilizaba la palabra «paro», pero con la finalidad de referirse al cierre patronal o *lock-out*, en cuanto que medida de lucha empresarial opuesta a la huelga.

Al calor de toda esta nueva regulación reaparece formalmente en España el anarcosindicalismo, al constituirse en 1910 la «Confederación Nacional del Trabajo» (CNT), creándose además, en 1911, «Solidaridad de Obreros Vascos»[19].

También por pura lógica, las fuentes jurídicas de esta nueva etapa acabaron registrando la manifestación más típica de una actividad sindical relativamente normalizada, que son los **convenios colectivos**. Al respecto, sendas

---

18   Sobre ella, véase *supra*, Tema 3, §2.

19   Posteriormente, en 1933, cambió su nombre por el actual de «Eusko Langileen Alkartasuna-Solidaridad de Trabajadores Vascos» (ELA-STV). En cambio, la «Confederación Intersindical Galega» (CIG), de tanta relevancia hoy en Galicia, es un sindicato radicalmente contemporáneo, pues se creó en 1990.

Sentencias del Tribunal Supremo (Sala 1.ª) de 16 mayo y 13 junio 1914 son las primeras sentencias españolas en las que expresamente, en sus considerandos, se alude a la negociación de dicho tipo de pactos. Ambas trataron del supuesto incumplimiento por un empresario del convenio colectivo de fabricantes de pan de Barcelona de 1913, y ambas calificaron los convenios colectivos a que se referían como «convenios de carácter público celebrados entre colectividades de la clase patronal y obrera, interviniendo la Autoridad gubernativa y para resolver los conflictos sociales»[20].

Los pactos colectivos aparecen ya mencionados y autorizados en la Ley de descanso dominical de 3 marzo 1904, con la finalidad de «normalizar el descanso que esta Ley preceptúa ..., según el sistema de cada industria» (artículo 4)[21]. Hasta 1923, el Estado estuvo aparentemente interesado en fomentar una negociación colectiva auténtica. Lo prueba una Real Orden de 9 octubre 1920, «aprobando y confirmando en todas sus partes, con carácter obligatorio para la provincia de Castellón de la Plana, el contrato colectivo de trabajo para la próxima temporada naranjera». Se trataba de un convenio colectivo relativamente extenso (regulaba los jornales, su pago, la jornada, el trabajo extraordinario, las comisiones mixtas de interpretación, etc.), que esta Real Orden consideraba modélico, y de ahí que igualmente ordenase que el texto de dicho convenio fuese insertado «literalmente ... en la *Gaceta de Madrid* y *Boletín Oficial* de la provincia de Castellón... para que pueda servir como modelo y precedente en otros casos análogos».

Pero durante la Dictadura de Primo de Rivera este interés se desvaneció. En efecto, con la promulga-

---

20 Acerca de esta jurisprudencia, véase Jesús Martínez Girón, *Los pactos de procedimiento en la negociación colectiva*, IELSS (Madrid, 1985), págs. 157-158.

21 En una circular del Ministerio de la Gobernación de 21 junio 1902 se alude claramente ya al convenio colectivo, en los siguientes términos: «serán provechosísimas las indicaciones hechas al principio de esta circular relativas a las condiciones que el contrato de trabajo señala el Código civil. Porque estas estipulaciones no son sólo aplicables al pacto individual tácito o expreso, lo son también al colectivo, que puede, al efecto, hacerse por Asociaciones o agrupaciones de obreros».

ción del Real Decreto-ley de 26 noviembre 1926, sobre Organización Corporativa Nacional, se tendió a reemplazar los convenios colectivos por «bases de trabajo» acordadas por patronos y obreros en el seno de los diversos «comités paritarios» que dicha norma ordenaba crear por sectores de la producción (minería, pesca, siderurgia, industrias textiles, etc.). Estos nuevos organismos jurídico-públicos —cuyos vocales eran elegidos «por las Asociaciones ... patronales u obreras ... legalmente constituidas» (artículo 12.1.ª)— tenían competencia para «determinar ... las condiciones de reglamentación del trabajo (retribución, horarios, descanso), y en general las que puedan servir de base a los contratos de trabajo» (artículo 17.1.º).

Téngase en cuenta, sin embargo, que en esta nueva etapa no puede afirmarse todavía que la actividad sindical estuviese plenamente normalizada, desde el punto de vista jurídico. En efecto, con amparo en la citada Ley de huelgas y coligaciones de 1909 —allí donde afirmaba que «tanto los patronos como los obreros, pueden coligarse, declararse en huelga y acordar el paro para los efectos de sus respectivos intereses, *sin perjuicio de los derechos que dimanen de los contratos que hayan celebrado*» (artículo 1)—, reiterada jurisprudencia civil de la época declaró que los obreros huelguistas, aun no siendo delincuentes, incumplían gravemente sus contratos de trabajo, cabiendo en consecuencia que el empresario —por aplicación del artículo 1124 del Código Civil, al que implícitamente remitía la recién citada cláusula «sin perjuicio de»— pudiese rescindir lícitamente los contratos de trabajo de sus obreros en huelga. Esta jurisprudencia aparece contenida en diversas Sentencias del Tribunal Supremo (Sala 1.ª) de los años 1919 a 1922, falladas a propósito de pleitos relativos a **obreros despedidos por haber participado en huelgas** y, más en concreto, por su participación en la huelga general habida en España en 1917.

Esta tesis de la rescisión aparece formulada, con toda rotundidad, en una Sentencia del Tribunal Supremo (Sala 1.ª) de 29 octubre 1919, según la cual «sería atentatorio contra el orden público establecer ... el principio de que por el derecho de huelga ... queden *en suspenso* los derechos y obligaciones de carácter civil y que emanan [del contrato de trabajo]». Por su parte, una Sentencia del Tribunal Supremo (Sala 1.ª) de 11 octubre 1919 concluyó que quedaba, «por tanto, rescindido así el contrato ... con sujeción a lo dispuesto en el art. 1124 del Código civil», «sin que el derecho que reconoce la Ley de 27 de abril de 1909 de coligarse y declararse en huelga ... deba estimarse suficiente fundamento para que el obrero separado obtenga su reposición después, ya que la huelga es acto lícito y permitido, pero sin perjuicio de los derechos que dimanen de los contratos celebrados entre patronos y obreros, según consigna el artículo 1.° de la misma». Además de la huelga, en la época también tenía carácter extintivo de los contratos de trabajo el *lock-out* o «paro» patronal. Lo acredita una Real Orden de 2 julio 1909, sobre Instrucciones para el Servicio de Estadísticas de las Huelgas. En ella, se afirma que «paro» era «el caso de que uno o varios patronos hubiesen resuelto el *despido colectivo* de sus obreros» (artículo 2, párrafo segundo).

§6. Tras la proclamación de la Segunda República, esta injusta jurisprudencia civil fue descalificada y enervada. Ello ocurrió con la promulgación de la Ley de contrato de trabajo de 21 noviembre 1931. En efecto, sobre la base de que lo verdaderamente justo —tanto en el caso de huelga como en el de cierre patronal o *lock-out*— era la mera **suspensión de los contratos de trabajo** de los trabajadores huelguistas o de los trabajadores frente a los que la empresa cerraba, dicha Ley ordenó que «las huelgas o los "lock-outs" en general no rescindirán los contratos de trabajo» (artículo 91, párrafo segundo).

Aparte su artículo 91, la Ley de contrato de trabajo de 1931 contenía más referencias a las huelgas y *lockouts*, en sus artículos 12 (párrafo quinto), 37 (párrafo tercero) y 92.

La Ley republicana de contrato de trabajo contenía, además, una teóricamente interesante **regulación del convenio colectivo**. Incluso mencionaba, por vez primera en España, instituciones normales y muy importantes en cualquier sistema moderno de relaciones laborales. Era el caso, por ejemplo, de la «adhesión» al convenio colectivo (artículos 62 y 63).

Según estudios doctrinales ejemplares relativos a este asunto[22], el artículo 12 de la Ley de contrato de trabajo de 1931 regulaba dos tipos distintos de convenios colectivos: en su párrafo primero, convenios colectivos «de eficacia limitada»[23], únicos respecto de los que tenía sentido la «adhesión» prevista por los artículos 62 y 63; y en su párrafo segundo, convenios colectivos «de eficacia general»[24].

En cualquier caso, al igual que durante la Dictadura de Primo de Rivera, las «bases de trabajo» aprobadas en el seno de los «jurados mixtos» constituidos al amparo de la Ley republicana de 27 noviembre 1931, sobre Jurados Mixtos (que continuaban la labor de los «comités paritarios» primorriveristas, pero ahora con el impulso participativo de la UGT), impidieron también durante la Segunda República el desarrollo de un sistema genuino de negociación colectiva[25].

Téngase en cuenta, además, en cuanto que freno a la negociación colectiva, «una razón de carácter eco-

---

22   *Cfr.* Francisco J. Gómez Abelleira, *La adhesión al convenio colectivo*, EGAP (Santiago de Compostela, 1997), págs. 69 y ss.

23   Según este precepto, «se considerará pacto colectivo acerca de las condiciones de trabajo el celebrado entre una Asociación o varias Asociaciones patronales con una o varias Asociaciones profesionales obreras legalmente constituidas, para establecer las normas a que han de acomodarse los contratos de trabajo que celebren, sean éstos individuales o colectivos, los patronos y los trabajadores del ramo, oficio o profesión a que aquéllos y éstos pertenezcan en la demarcación respectiva».

24   Según este precepto, «tendrá también el valor jurídico de un pacto colectivo, en defecto del que define el párrafo anterior, lo convenido ante una Autoridad, funcionario o Corporación oficial, como Delegados del Ministerio de Trabajo y Previsión, sobre condiciones del trabajo, entre representantes designados en reuniones públicas, con intervención de la Autoridad, por los elementos patronales y obreros de un determinado ramo, industria y profesión en una localidad o demarcación».

25   Según el artículo 19.1.º de dicha Ley, eran atribuciones de los Jurados Mixtos «determinar para el oficio o profesión respectivo las condiciones generales de reglamentación del trabajo, salarios, fijación del plazo mínimo de duración de los contratos, horarios, horas extraordinarias, forma y requisitos de los despidos y de todas las demás de la reglamentación referida, que servirán de base a los contratos individuales o colectivos que puedan celebrarse» (párrafo 1.º).

nómico, pues la economía española entre 1931 y 1936 tuvo un carácter *crítico*, con amplia tasa de paro forzoso»[26], a consecuencia del impacto sobre Europa del *crack* bursátil norteamericano de 1929.

En fin, redondeó la relativa normalización jurídica del hecho sindical en esta nueva etapa la promulgación de una **ley específica**, distinta de la general reguladora del derecho de asociación[27], **sobre constitución de sindicatos y asociaciones empresariales**. Se trata de la Ley republicana de 8 abril 1932, sobre asociaciones profesionales patronales y obreras. En ella, además de preceptos relativos a las asociaciones ya existentes en la fecha en que se promulgó[28], se contenían normas de una modernidad incuestionable, como la relativas, por ejemplo, a que «las mujeres podrán formar parte de las Asociaciones en las mismas condiciones que los varones, sin que las mayores de dieciocho años necesiten autorización paterna, marital o tuitiva» (artículo 4, párrafo tercero), o a que «la Autoridad judicial será la única competente para decretar la disolución de las Asociaciones profesionales constituidas con arreglo a esta Ley» (artículo 42, párrafo primero).

Una Orden de 11 enero 1936 reconoció expresamente el derecho de constituir asociaciones profesionales «por funcionarios públicos, incluyendo en la denominación tanto a los del Estado como a los de las Regiones autónomas, Diputaciones o Ayuntamientos», aunque no se trataba de asociaciones comprendidas en el ámbito de la «Ley de 8 de abril de 1932, que no alude para nada en ninguno de sus preceptos a esta modalidad profesional o clase de trabajo».

§7. Tras nuestra guerra civil, España en esta materia **volvió a repetir su historia**. Lo hizo sobre la base de ciertas declaraciones contenidas en el Fuero del Trabajo de 1938[29], una de

---

26 *Cfr.* Francisco J. Gómez Abelleira, *La adhesión al convenio colectivo,* cit., pág. 85.

27 Todavía continuaba vigente la Ley ya citada de 30 junio 1887 [*cfr.* Manuel Ramón Alarcon Caracuel, *El derecho de asociación obrera en España (1839-1900),* cit., pág. 261].

28 *Cfr.* su artículo adicional 1.º.

29 Estas declaraciones se detallan *infra,* Tema 5, §3.

las «Leyes Fundamentales» del régimen franquista. En desarrollo de las mismas, este régimen prohibió el asociacionismo patronal y sindical libres (reemplazándolos por la afiliación obligatoria, tanto de trabajadores como de empresarios, a un ente estatal inicialmente denominado «Organización Nacional-Sindicalista»), prohibió asimismo la negociación de convenios colectivos (reemplazados por reglamentaciones nacionales de trabajo relativas a las diversas ramas de la producción, aprobadas cada una de ellas por Orden del Ministerio de Trabajo)[30] y criminalizó de nuevo las huelgas, cualquiera que fuese su intencionalidad (considerándolas como un delito contra la seguridad interior del Estado y, más en concreto, como una modalidad del delito de sedición).

La criminalización de las «huelgas» —esto es, de los hechos, en vez de los autores de los mismos—, ya contenida en la Ley de Seguridad del Estado de 29 marzo 1941 y en la Ley de Rebelión Militar de 2 marzo 1943 (y antes, en los «Bandos» de declaración del estado de guerra), acabó precipitando en el artículo 222 del Código Penal de 1944, luego reproducido por idéntico precepto del Código Penal de 1963.

Acerca de la «Organización Nacional-Sindicalista», las normas clave fueron sendas Leyes de 26 enero y 6 diciembre, ambas de 1940[31]. Aunque estaba formada por sindicatos «mixtos» (esto es, integrados obligatoriamente a la vez por empresarios y trabajadores, englobados unos y otros bajo el eufemismo genérico «productores»), lo cierto es que en estos sindicatos franquistas existían «secciones» (económica y social, por ejemplo), que permitían una lógica diferenciación. Este hecho se aprovechó luego, a partir de 1958, para montar sobre las «secciones» en cuestión la negociación colectiva «sindical».

Al margen de esta estructura sindical oficial, por Decreto de 18 agosto 1947 se crearon los «Jurados de Empresa» (luego reglamentados por Decreto de 11

---

30   Sobre esto, véase *supra*, Tema 3, §5.

31   En la primera de dichas Leyes se afirmaba que «la Organización Sindical de FET y de las JONS es la única reconocida con personalidad suficiente por el Estado, quien no admitirá la existencia de ninguna otra con fines análogos o similares» (artículo 1, párrafo 1.°).

septiembre 1953), que acabaron convirtiéndose en órganos de negociación colectiva a ese mismo nivel de empresa, antes incluso de 1958. Lo refleja reiterada jurisprudencia de la época, que habla al respecto de pactos colectivos «privados». Tal adjetivación se explica por causa de que dichos pactos colectivos no se publicaban, surtiendo efectos sólo en el concreto ámbito empresarial en que se concluían[32].

Esta insostenible e injusta situación se relajó, relativamente, a partir de 1958. En efecto, la promulgación en este año de la primera Ley franquista de «convenios colectivos sindicales» acabó repercutiendo sobre el Derecho colectivo del Trabajo franquista. Así, por ejemplo, sobre las reglamentaciones nacionales de trabajo —que dejaron de regular los salarios[33]—, sobre la propia conflictividad laboral —hubo que regular procedimientos para la solución de los «conflictos colectivos» de trabajo, tanto jurídicos como de intereses— y sobre las huelgas, pues a partir de 1965 pasó a considerarse sediciosos únicamente a los trabajadores que, con el móvil («con el fin de») o con el *animus* de atentar contra la seguridad del Estado, etc., suspendiesen o alterasen la regularidad del trabajo.

La promulgación de la primera Ley de convenios colectivos «sindicales» de 24 abril 1958 provocó —en íntima conexión con dicha norma— la promulgación, en 1962, del primer Decreto franquista sobre «conflictos colectivos», y en 1963, de nuestra segunda Ley de Procedimiento Laboral, al efecto de regular en ella el proceso laboral especial de conflictos colectivos «jurídicos». En el propio año 1958, se dio un paso al frente en nuestro sindicalismo libre. En efecto, se constituyó en dicho año la entonces todavía clandestina central sindical de «Comisiones Obreras», en la mina de la Camocha (Asturias).

Tras una Sentencia del Tribunal Supremo (Sala 2.ª) de 25 marzo 1965[34], absolviendo de la imputación de

---

32   Sobre esta jurisprudencia, véase Jesús Martinez Giron, *Los pactos de procedimiento en la negociación colectiva*, cit., págs. 183-186.

33   Sobre este impacto y algún otro (incluso de denominación), véase *supra*, Tema 3, **§5**.

34   *Repertorio de Jurisprudencia Aranzadi*, referencia 1137.

sedición a ciertos obreros huelguistas, la Ley 104/1965, de 21 diciembre, procedió a enmendar el artículo 222 del Código Penal de 1963, al efecto de convertir la participación de los trabajadores en huelgas en delito que exigiese la concurrencia de un dolo específico[35]. Tras la promulgación de la Ley Orgánica del Estado de 1967[36], la legislación sindical de los años 40 fue sometida a una puesta al día meramente cosmética, con la promulgación de la Ley 2/1971, de 17 febrero, reguladora de la que ahora pasaba a denominarse «Organización Sindical». La promulgación de esta norma provocó, a su vez, la de la Ley 38/1973, de 19 diciembre, que fue la segunda Ley franquista de convenios colectivos «sindicales». A los reglamentos de desarrollo de esta última Ley se debe el hallazgo —decisivo, todo hay que decirlo— de que la «denuncia» de un convenio colectivo carecía de eficacia extintiva del mismo[37].

La **normalización** de nuestro Derecho colectivo del Trabajo tuvo que esperar, sin embargo, al fallecimiento del general Franco. Se produjo, **antes de la entrada en vigor de la Constitución** de 1978. Y ello, mediante la promulgación en 1977 de dos normas, anteriores ambas a las primeras elecciones democráticas celebradas en España (el 15 junio 1977), a saber: de un lado, el Real Decreto-ley 17/1977, de 4 marzo, sobre Relaciones de Trabajo, que reguló a su manera —todavía con alguna restricción intolerable— «el derecho de huelga» (artículos 1 a 11); y de otro lado, la Ley 19/1977, de 1 abril, reguladora del derecho de asociación sindical, que restableció por fin el asociacionismo patronal y sindical libres[38].

La exposición de motivos de esta última Ley evidencia el carácter formalmente no rupturista de la misma

---

35   Sobre el tema, véase Manuel ALONSO OLEA, «La reforma del artículo 222 del Código Penal», en el vol. *Quince lecciones sobre conflictos colectivos de trabajo*, Facultad de Derecho-Universidad Complutense (Madrid, 1968), págs. 245 y ss.

36   Sobre ella, véase *infra*, Tema 5, §3 *in fine*.

37   Sobre el tema, véase Alberto ARUFE VARELA, *La denuncia del convenio colectivo*, Civitas (Madrid, 2000), págs. 41-43.

38   Sobre la ratificación este mismo año de los convenios núms. 87 y 98 de la OIT, véase *infra*, Tema 5, §2.

con el pasado —típico de la transición política—, pues en ella se afirmaba, aunque parezca increíble, que la citada Ley sindical franquista de 1971, «llevada a cabo en desarrollo de la Declaración XIII del Fuero del Trabajo, no parece la única interpretación válida que permite dicha Ley Fundamental, que posibilita otras más congruentes con las exigencias actuales» (*sic*).

La eliminación de la «Organización Sindical» franquista, complejísima, exigió la creación de la denominada «Administración Institucional de Servicios Socio-Profesionales» (AISS), a la que se adscribieron su personal y su patrimonio, como paso previo a su liquidación definitiva[39].

Por su parte, el Real Decreto 3149/1977, de 6 diciembre, sobre elección de representantes de los trabajadores en el seno de las empresas, permitió operar la transición de los viejos «Jurados de Empresa» franquistas a los nuevos «Comités de Empresa».

---

39   *Cfr.*, al respecto, los Reales Decretos-leyes 19/1976, de 8 octubre, y 31/1977, de 2 junio.

TEMA 5

LA HISTORIA DE LA INTERNACIONALIZACIÓN, CONSTITUCIONALIZACIÓN Y EUROPEIZACIÓN DEL DERECHO ESPAÑOL DEL TRABAJO

Sumario: §1. Introducción. **§2.** La internacionalización del Derecho español del Trabajo, a partir de 1919. **§3.** La constitucionalización del Derecho español del Trabajo, a partir de 1931. **§4.** La europeización del Derecho español del Trabajo por la vía del Consejo de Europa, a partir de 1977. **§5.** La europeización del Derecho español del Trabajo por la vía de las Comunidades Europeas, a partir de 1986.

§1. Lógicamente, los temas obreros no sólo llamaron la atención del legislador «ordinario», sino que incluso también acabaron llamando la atención del que puede denominarse legislador «extraordinario», mediante la plasmación o reflejo de ese tipo de temas en textos constitucionales e internacionales. En España, este **fenómeno de la constitucionalización e internacionalización** del Derecho del Trabajo ocurrió en el siglo XX, y no antes. En efecto, no puede hablarse de la existencia de normas laborales constitucionales ni de normas laborales internacionales aplicables en España a lo largo de todo el siglo XIX, hasta el punto incluso de que lo único que llama hoy la atención del laboralista moderno en el constitucionalismo español decimonónico, aunque parezca increíble, es el carácter descaradamente esclavista que tenía nuestra Constitución de Cádiz, de 1812. Sobre esta base, la atención prestada por el citado legislador «extraordinario» (constitucional e internacional) a las cuestiones y temas laborales presenta en España una cronología peculiar, muy marcada por **tres grandes hitos**, que son los siguientes: 1) nuestro ingreso en la Organización Internacional del Trabajo (OIT) en 1919, que abre el proceso de internacionalización del Derecho español del Trabajo (*cfr. infra*, **§2**); 2) la promulgación de la Constitución republicana de 1931, que abre el proceso de constitucionalización del Derecho español del Trabajo (*cfr. infra*, **§3**); y 3) nuestro ingreso en el Consejo de Europa, en 1977, y en las Comunidades Europeas, en 1986, que abren el proceso de europeización del Derecho español del Trabajo (*cfr. infra*, **§4** y **§5**).

En la línea del texto articulado de la Constitución de los Estados Unidos de América de 17 septiembre 1787[1], la Constitución de Cádiz —después de afirmar en su artículo 5.1.º que «son españoles... todos los *hombres libres* nacidos y avecindados en los dominios de las Españas, y los hijos de éstos»— declaraba, en su artículo 5.4.º, que también son españoles «los *libertos* [esto es, los libres que habían nacido esclavos], desde que adquieran la libertad en las Españas»; y en su artículo 22, que «a los españoles que por cualquier línea son habidos y reputados por originarios del África les queda abierta la puerta de la virtud y del merecimiento para ser ciudadanos: en consecuencia, las Cortes concederán carta de ciudadanos a los que hicieren servicios calificados a la patria o a los que se distingan por su talento, aplicación y conducta, con la condición de que sean hijos de legítimo matrimonio de *padres ingenuos* [esto es, nacidos libres]; de que *estén casados con mujer in-*

---

1   Véase su artículo 1, sección 2, párrafo tercero (*«Representatives shall be determined by adding to the whole Number of free Persons»*). Ya fuera de su texto articulado, véase la enmienda XIII de 6 diciembre 1865 (*«Neither slavery nor involuntary servitude... shall exist within the United States»*), consecuencia de la Guerra de Secesión.

genua y avecindados en los dominios de las Españas, y de que ejerzan alguna profesión, oficio o industria útil con un capital propio»[2].

§2. El proceso de **internacionalización** del Derecho español del Trabajo se inicia con la promulgación de la Ley de 14 agosto 1919, por virtud de la cual se autorizaba a nuestro Gobierno a adherirse al «pacto de Sociedad de las Naciones» inserto en el Tratado de Versalles —del propio año 1919, que puso fin a la primera guerra mundial— y, además, a aceptar las estipulaciones de la Parte XIII de dicho Tratado de Versalles, que creaba la OIT[3]. Sólo tres años después de dicha **adhesión a la OIT**, España procedió a ratificar los convenios núms. 2 y 3 de la misma, ambos de 1919, por sendas Leyes de 13 julio 1922. Y tras esta fecha y hasta 1936, nuestro país procedió a ratificar otros 32 convenios más de la OIT, de manera que en 1939 —cuando el Gobierno de la Segunda República abandona España, acabada la guerra civil— nuestro país era el Estado con mayor nivel de ratificaciones de convenios de la OIT hasta dicho momento[4].

La citada Parte XIII del Tratado de Versalles —cuyo contenido, aunque con otra numeración, puede considerarse formalmente como la «Constitución» de la OIT— creaba esta última como «Organismo permanente» de ámbito mundial[5], que tomaba como una de sus guías de actuación la afirmación relativa a que «la paz universal... no puede fundarse sino sobre la base de la *justicia social*»[6].

---

2   Las Constituciones decimonónicas españolas posteriores (1845, 1869 y 1876) eludieron referirse expresamente al fenómeno de la esclavitud ultramarina, proclamando que nuestras provincias de ultramar se regirían por leyes especiales. Sobre el tema, véase Jesús Martinez Giron, *Los pleitos de Derecho privado sobre esclavitud ultramarina en la jurisprudencia del Tribunal Supremo (1857-1891)*, Civitas (Madrid, 2002), págs. 41-43.

3   Véase su artículo único.

4   Véase Josefina Cuesta Bustillo, *Una esperanza para los trabajadores. Las relaciones entre España y la Organización Internacional del Trabajo (1919-1939)*, CES (Madrid, 1994), pág. 342.

5   Artículo 387, párrafo primero

6   *Cfr.* párrafo primero del Preámbulo de la Parte XIII en cuestión.

Para la consecución de sus fines, la OIT se propuso desplegar una intensa actividad normativa, elaborando disposiciones que podían revestir la forma de «convenio» internacional o, también, la de «recomendación»[7], aunque solamente los «convenios» poseían auténtica eficacia normativa, previa su ratificación por los Estados miembros, que obligaba a estos últimos a armonizar sus legislaciones y prácticas nacionales en congruencia con los mismos[8].

Los citados primeros convenios de la OIT ratificados por España fueron los núm. 2, sobre desempleo, y núm. 3, relativo a la protección de la maternidad, siendo el núm. 48 de 1935, sobre conservación de los derechos de pensión de los migrantes, el último ratificado por nuestro país hasta la guerra civil, por medio de una Ley de 2 junio 1936.

Tras nuestra guerra civil, España **abandonó la OIT** —la cual se había dotado, en 1944, de una «Declaración relativa a los fines y objetivos» específicos suyos, mantenida tras la vinculación de la OIT a la recién creada entonces Organización de Naciones Unidas (ONU), mediante un acuerdo de 1946— y no volvió a incorporarse a ella **hasta 1956**, tras finalizar el bloqueo internacional a que venía siendo sometido el régimen franquista desde que acabó, en 1945, la segunda guerra mundial[9]. Sólo dos años después de nuestra reincorporación, comenzaron a ratificarse nuevos convenios de la OIT[10], aunque lo

---

7   Véase en este sentido artículo 19.1 de la Constitución de la OIT.

8   Véanse los artículos 19.5 y 22 de la Constitución de la OIT.

9   «Durante el verano de 1945 se reunió una conferencia internacional en San Francisco que dio lugar a la Organización de las Naciones Unidas... [en la que se] declaró explícitamente que España no podía ser admitida en los organismos internacionales dada la persistencia de un régimen dictatorial y por la colaboración con las derrotadas potencias fascistas» [*cfr*. Abdón Mateos, *La denuncia del Sindicato Vertical. Las relaciones entre España y la Organización Internacional del Trabajo (1939-1969)*, CES (Madrid, 1997), págs. 26 y 27], alcanzando mayores dimensiones este bloqueo internacional un año más tarde, «pues a propuesta de Polonia fue adoptada en la ONU una resolución que consideraba al régimen español un peligro para la paz mundial, excluyéndole de los organismos internacionales y recomendando la retirada de los embajadores» (*ibidem*).

10   Concretamente, el relativo a la revisión de artículos finales (núm. 80 de 1946), en 1958, al que siguieron las ratificaciones, en 1959, de los de

verdaderamente significativo es que el régimen franquista eludiese siempre la ratificación de los convenios núm. 87 de 1948 y núm. 98 de 1949. En efecto, se trataba de dos convenios que nuestro país no podía ratificar, dada la absoluta falta de verdadera libertad sindical existente entonces, lo que incluso motivó que España fuese denunciada en diversas ocasiones ante el «Comité de Libertad Sindical» de la propia OIT.

La citada «Declaración relativa a los fines y objetivos» —también conocida como Declaración de Filadelfia—, incorporada como anexo a la «Constitución» de la OIT, afirma entre otras muchas cosas que «el trabajo no es una mercancía»[11] y, también, «la obligación solemne de la Organización Internacional del Trabajo de fomentar, entre todas las naciones del mundo, programas que permitan... lograr el pleno empleo»[12].

El principio de libertad sindical —que proclamaban tanto el preámbulo de la «Constitución»[13] como la «Declaración» citadas[14]— fue causa de la aprobación del convenio núm. 87 de 1948, sobre la libertad sindical y la protección del derecho de sindicación, completado con el convenio núm. 98 de 1949, sobre derecho de sindicación y de negociación colectiva. Precisamente para garantizar el respeto de los derechos sindicales mencionados en estos dos convenios, en 1951 fue creado en el seno de la OIT el citado «Comité de Libertad Sindical». Se dotó a este último de «funciones cuasi-judiciales que le permiten examinar las quejas relativas a los derechos sindicales, aun si el país a que se refiesen no hubiera ratificado los convenios de libertad sindical»[15].

---

prescripciones de seguridad en la industria de la edificación (núm. 62 de 1937), trabajo subterráneo de las mujeres (núm. 45 de 1935), trabajo nocturno de las mujeres (núm. 89 de 1948), enfermedades profesionales (núm. 42 de 1934) y protección del salario (núm. 95 de 1949).

11   *Cfr*. Declaración I, letra a).

12   *Cfr*. Declaración III, letra a).

13   Véase su párrafo segundo.

14   Véase su Declaración I, letra b).

15   *Cfr*. Alfredo MONTOYA MELGAR, *Derecho del Trabajo*, 26.ª ed., Tecnos (Madrid, 2005), pág. 117. La doctrina emanada de las decisiones y principios del Comité de Libertad Sindical, formulados a partir de las quejas tanto de gobiernos como de organizaciones de trabajadores o de empleadores, permite hablar incluso de «jurisprudencia» de dicho

Los casos relativos a España examinados por este Comité fueron numerosos, abordándose en ellos quejas relativas a la «integración de las organizaciones sindicales en el aparato del Estado», a la «ilegalidad de las organizaciones sindicales constituidas al margen de la organización sindical vertical», a la «negociación colectiva», a la «huelga y el procedimiento de regulación de los conflictos colectivos», así como a los «derechos sindicales y libertades civiles»[16].

Sólo después de la muerte de Franco, pudieron ratificarse en 1977 los citados convenios núms. 87 y 98 de la OIT[17]. Y tras la entrada en vigor de nuestra Constitución en 1978, se ha abierto un incesante proceso de ratificación por España de más convenios de la misma, que nuestro Tribunal Constitucional cita con naturalidad, al amparo de cuanto dispone el artículo 10.2 de la Constitución, según el cual las «normas relativas a los derechos fundamentales y a las libertades que la Constitución reconoce se interpretarán de conformidad con la Declaración Universal de Derechos Humanos y los tratados y acuerdos internacionales sobre las mismas materias ratificados por España». Existe incluso jurisprudencia constitucional que refleja de algún modo el característico **«tripartismo» de la estructura de la OIT**, según la cual no pueden existir discriminaciones sindicales a la hora de hacer efectiva la representación que tienen los sindicatos, junto a la de la patronal y a la del propio Gobierno español, en la OIT[18].

Acerca de su estructura y al igual que la generalidad de organizaciones internacionales universales, la

---

Comité (*cfr.* M.ª Fernanda Fernandez Lopez, *El sindicato. Naturaleza jurídica y estructura*, Civitas [Madrid, 1982], pág. 23).

16   Sobre el tema, véase «Rapport du Groupe d'étude chargé d'examiner la situation en matière syndicale en Espagne», en *Bulletin Officiel*, vol. LII (1969), núm. 4, págs. 242 y ss.

17   Por sendos Instrumentos de Ratificación de 13 abril 1977.

18   En este sentido, véase Sentencia del Tribunal Constitucional núm. 65/1982, de 10 noviembre (*Boletín Oficial del Estado* de 10 diciembre 1982), desestimando el recurso de amparo interpuesto por la Intersindical Nacional Galega (antecedente de la Confederación Intersindical Galega), sindicato éste que entendía que había sido discriminado en el proceso de designación de los representantes de los trabajadores para la 67.ª reunión de la Conferencia Internacional de Trabajo.

OIT se compone de una cámara «democrática», llamada Conferencia General, en la que todos los Estados miembros —que envían a la misma cuatro representantes (dos en representación del gobierno, uno de la patronal y uno de los sindicatos), de ahí el citado «tripartismo»— son formalmente iguales[19]; y además, de una cámara «aristocrática», llamada Consejo de Administración, en la que se reserva un número fijo de puestos a los Estados miembros —y por tanto, a sus cuatro representantes respectivos— industrialmente más importantes[20].

§3. El proceso de **constitucionalización** del Derecho español del Trabajo es posterior al de su internacionalización, pues se inicia **con la Constitución de la Segunda República de 1931**. Esta Constitución reconocía incluso que la había precedido el citado fenómeno de la internacionalización, al afirmar expresamente en su articulado que los «proyectos de Convenio de la Organización Internacional del Trabajo serán sometidos a las Cortes»[21] y, una vez aprobados «por el Parlamento, el Presidente de la República suscribirá la ratificación, que será comunicada, para su registro, a la Sociedad de las Naciones»[22].

Otra manifestación concreta de este internacionalismo previo que asume, aparece contenida en su artículo 7, según el cual el «Estado español acatará las normas universales del Derecho internacional, incorporándolas a su derecho positivo».

---

19   En efecto, según el artículo 3.1 de la Constitución de la OIT de 1919, «se compondrá de cuatro representantes de cada uno de los miembros, dos de los cuales serán delegados del gobierno y los otros dos representarán, respectivamente, a los empleadores y a los trabajadores de cada uno de los Miembros».

20   En efecto, se compone de «veintiocho representantes de los gobiernos; catorce representantes de los empleadores, y catorce representantes de los trabajadores» (artículo 7.1 de la Constitución de la OIT de 1919), aunque con la notable singularidad de que, «de los veintiocho representantes de los gobiernos, diez serán nombrados por los Miembros de mayor importancia industrial, y los dieciocho restantes, por los Miembros designados al efecto por los delegados gubernamentales a la Conferencia, con exclusión de los delegados de los diez Miembros primeramente mencionados» (artículo 7.2 de la Constitución de 1919).

21   Artículo 76, letra e).

22   *Ibidem*.

Se trataba de una Constitución con **acusado contenido social** —proclamaba, ya en su artículo 1, que «España es una República democrática de trabajadores de toda clase, que se organiza en régimen de Libertad y de Justicia»—, en la que se afirmaba que «el trabajo, en sus diversas formas, es una obligación social y gozará de la protección de las leyes»[23], que «la República asegurará a todo trabajador las condiciones necesarias de una existencia digna»[24], y que «su legislación social regulará» —con mención expresa de muy concretos aspectos laborales— «todo cuanto afecte a la defensa de los trabajadores»[25]. La legislación «social» recién aludida correspondía dictarla «al Estado»[26]. Según la propia Constitución republicana, sólo correspondía «a las regiones autónomas la ejecución, en la medida de su capacidad política, a juicio de las Cortes»[27].

Por mandato expreso de la Constitución —que de algún modo acusaba la influencia de la Constitución de Weimar de 1919[28]—, la citada «legislación social» republicana debía regular lo siguiente: «los casos de seguro de enfermedad, accidente, paro forzoso, vejez, invalidez y muerte; el trabajo de la mujeres y de los jóvenes y especialmente la protección de la maternidad; la jornada de trabajo y el salario mínimo y familiar; las vacaciones anuales remuneradas; las condiciones del obrero español en el extranjero; las instituciones de cooperación; la relación económico-jurídica de los factores que integran la producción; la participación de los obreros en la dirección, la administración y los beneficios de las empresas»[29].

---

23 Artículo 46, párrafo 1.º.
24 Artículo 46, párrafo 2.º.
25 *Ibidem.*
26 Artículo 15, párrafo 1.º.
27 *Ibidem.*
28 Por ejemplo, en lo relativo a la regulación de los derechos de participación de los trabajadores en la administración de las empresas, mencionados en el artículo 164 de la Constitución del *Reich* Alemán de 11 agosto 1919.
29 *Cfr.* su artículo 46, párrafo 2.º.

Lógicamente, esta Constitución republicana no pervivió tras el franquismo. Este último se caracterizó por tener una «constitución» dispersa en siete leyes distintas, promulgadas entre 1938 —por tanto, en plena guerra civil— y 1967, y llamadas entonces las «Leyes Fundamentales»[30]. De ellas interesa especialmente, a nuestros efectos, el «Fuero del Trabajo» de 9 marzo 1938, cuyas dieciséis declaraciones reflejan a la perfección la ideología laboral del régimen franquista[31], caracterizada por la negación absoluta de la libertad sindical[32] y del derecho de huelga[33], por el exacerbado intervencionismo administrativo en la fijación de las condiciones de trabajo[34], por la híper-protección del trabajador individual[35] —como contrapeso de la negación de sus derechos en el plano colectivo— y, por último, por la aversión al trabajo

---

30   Las cuales eran, más en concreto, el Fuero del Trabajo de 9 marzo 1938, la Ley Constitutiva de las Cortes de 17 julio 1942, el Fuero de los Españoles de 17 julio 1945, la Ley de Referéndum de 22 octubre 1945, la Ley de Sucesión en la Jefatura del Estado de 26 julio 1946, la Ley de Principios del Movimiento Nacional de 17 mayo 1958, y La Ley Orgánica del Estado de 1 enero 1967.

31   Véase Antonio V. Sempere Navarro, *Nacionalsindicalismo y relación de trabajo*, Akal (Madrid, 1982), págs. 39 y ss.

32   Según su declaración XIII, la «Organización Nacionalsindicalista del Estado se inspirará en los principios de Unidad, Totalidad y Jerarquía» (punto 1), implicando esto que «todos los factores de la economía» apareciesen «encuadrados por ramas de producción o servicios en Sindicatos verticales» (punto 2), concebidos cada uno de estos sindicatos verticales como «una corporación de Derecho Público» (punto 3), que estaban solamente al «servicio del Estado» (punto 5).

33   Según su declaración XI, los «actos individuales o colectivos que de algún modo turben la normalidad de la producción o atenten contra ella, serán considerados como delitos de lesa Patria» (punto 2).

34   Según su declaración III, únicamente el «Estado fijará bases para la regulación del trabajo, con sujeción a las cuales se establecerán las relaciones entre los trabajadores y las Empresas» (punto 4).

35   Según su declaración II, el «Estado se compromete a ejercer una acción constante y eficaz en defensa del trabajador, su vida y su trabajo» (punto 1). A este efecto, según su declaración X, la «previsión proporcionará al trabajador la seguridad de su amparo ante el infortunio» (punto 1), incrementándose «los seguros sociales de: vejez, invalidez, maternidad, accidentes del trabajo, enfermedades profesionales, tuberculosis y paro forzoso, tendiéndose a la implantación de un seguro total» (punto 2).

de la mujer casada[36]. Esta concreta Ley Fundamental franquista, al igual que las otras cuatro promulgadas antes de 1958, fue sometida a una relativa puesta al día terminológica —por razones estéticas— en 1967. Y como todas las Leyes Fundamentales franquistas, fue derogada expresamente por nuestra vigente Constitución de 1978[37].

Aparte el citado Fuero del Trabajo, tanto el Fuero de los Españoles de 1945 como la Ley de Principios del Movimiento Nacional de 1958 también contenían algunas alusiones a temas laborales[38]. Con la finalidad de remozar estéticamente el régimen franquista, la Ley Orgánica 1/1967, del Estado, introdujo diversas modificaciones en hasta cinco de las citadas Leyes Fundamentales. Se eliminaron así, por ejemplo, las referencias ideológicas marcadamente totalitaristas que contenía el Fuero del Trabajo, dando nueva redacción a su «Exposición de motivos» y a sus «Declaraciones II (número 3), III (número 4), VIII (número 3), XI (números 2 y 5) y XIII (números 1, 2, 3, 4, 5 y 6)»[39], para de este modo —supuestamente— «acentuar el carácter representativo del orden político»[40].

§4. Tras la desaparición del franquismo, el proceso de **europeización** del Derecho español del Trabajo se inició, antes de promulgarse nuestra vigente Constitución democrática, **por la vía de la incorporación** de España **al Consejo de Europa** (organismo regional europeo creado en 1949, del que sólo pueden formar parte países europeos con regímenes democráticos), en 1977[41]. Los instrumentos normativos más importantes del Consejo de Europa son dos. En primer lugar, el **Convenio para la Protección de los Derechos Humanos**

---

36 Según su declaración II, el Estado «libertará a la mujer casada del taller y de la fábrica» (punto 1).

37 Véase su Disposición Derogatoria, 1, que deroga, además, la Ley 1/1977, de 4 enero, para la Reforma Política.

38 Véanse, en este sentido, los artículos 16, 24, 25, 26, 27 y 28 del Fuero de los Españoles, y las declaraciones IX, X y XI de la Ley de Principios del Movimiento Nacional.

39 *Cfr.* su Disposición Adicional 2.ª.

40 *Cfr.* su exposición de motivos, párrafo 5.

41 *Cfr. Boletín Oficial del Estado* de 1 marzo 1978.

y **Libertades Fundamentales** de 1950, ratificado por España en 1979[42], administrado por el Tribunal Europeo de Derechos Humanos (o Tribunal de Estrasburgo), cuyas resoluciones pueden revocar incluso sentencias de nuestro Tribunal Constitucional. En segundo lugar, la **Carta Social Europea** de 1961, ratificada por España en 1980[43], cuyo órgano de control (denominado Comité Europeo de Derechos Sociales) carece de poderes equivalentes a los ostentados por el Tribunal de Estrasburgo. La Carta Social Europea tiene una versión revisada de 1996 (con mecanismos de control de su cumplimiento más eficaces), pero España se resistió a ratificarla hasta dos décadas después de concluido el siglo XX.

Anticipándose a un choque previsible con la jurisprudencia de nuestro Tribunal Constitucional, España denunció en 1991 el artículo 8, apartado 4, letra b), de la Carta Social Europea, relativo «a prohibir el empleo femenino en trabajos subterráneos de minería y, en su caso, en cualesquiera otros trabajos que no sean adecuados para la mujer por su carácter, peligroso, penoso e insalubre»[44].

Tradicionalmente, España ha sido un Estado incumplidor de lo dispuesto en el artículo 4, apartado 1, de la Carta Social Europea (sobre el derecho a una remuneración justa), habiéndose declarado el incumplimiento de dicho precepto (en lo tocante a la cuantía de nuestro salario mínimo interprofesional), por vez primera, en 1988[45].

A partir de 1992 (con ocasión de la privatización parcial del subsidio de incapacidad temporal derivado de riesgos comunes), España se ha convertido igualmente en un incumplidor flagrante de lo dispuesto en

---

42 *Cfr. Boletín Oficial del Estado* de 10 octubre 1979.

43 *Cfr. Boletín Oficial del Estado* de 26 junio 1980.

44 La jurisprudencia constitucional contraria a ese precepto, relativa al trabajo de mujeres como ayudantes mineras de interior en HUNOSA, apareció contenida en la Sentencia del Tribunal Constitucional 229/1992, de 14 diciembre.

45 Sobre el tema, véase Luísa TEIXEIRA ALVES, *El cumplimiento de la Carta Social Europea en materia de salarios. Un estudio comparado de los ordenamientos laborales portugués, español e italiano*, Atelier (Barcelona, 2014), págs. 86 y ss.

los dos primeros apartados del artículo 3 de la Carta Social Europea, dadas nuestras intolerables cifras de siniestralidad laboral con baja en el trabajo[46].

§5. El proceso de **europeización** del Derecho español del Trabajo **por la vía de las Comunidades Europeas** es todavía mucho más reciente. Se inicia con nuestra incorporación a las Comunidades Europeas, con fecha de efectos de 1 enero 1986[47]. La incorporación en sí misma no llevó aparejada ningún cambio sustancial en nuestro Derecho del Trabajo, pues el «acervo comunitario» —que nos comprometíamos a respetar— resultaba por aquel entonces poco relevante en materia de política social[48].

En efecto, durante la década de los 50 —que es la etapa fundacional de las tres originarias Comunidades Europeas, pues en 1951 se crea la CECA, y en 1957 la CEE y el EURATOM—, solamente contaban los objetivos económicos, que estaban en la propia base de la creación de dichas tres comunidades, pero no los laborales o sociales, lo que explica que pudiese hablarse con razón de la originaria «frigidez social» de los padres fundadores de las Comunidades (Monnet, Schumann, etc.)[49].

En la década de los 60 —de marcada prosperidad económica—, se aportó al «acervo comunitario» social el Reglamento (CEE) 1612/1968, del Consejo, de 15 octubre 1968, relativo a la libre circulación de trabajadores dentro de la Comunidad —largamente vigente,

---

46   Al respecto, véase Jesús Martínez Girón, «La condena del Consejo de Europa a España, hecha pública en enero de 2010, por sus incumplimientos de la Carta Social Europea en materia de seguridad y salud laboral», *Anuario da Facultade de Dereito da Universidade da Coruña*, volumen 15 (2011), págs. 283 y ss.

47   *Cfr.* Ley Orgánica 10/1985, de 2 agosto, de autorización para la adhesión de España a las Comunidades Europeas

48   Sobre la historia del Derecho social comunitario, véase Alberto Arufe Varela, «El nuevo pilar europeo de derechos sociales. Análisis crítico», *Revista General de Derecho del Trabajo y de la Seguridad Social*, número 49 (2018), págs. 32 y ss.

49   Con cita de Mancini, véase Federico Durán López, *Libertad de circulación y de establecimiento en la Jurisprudencia del Tribunal de Justicia de la CEE*, La Ley (Madrid, 1986), pág. 18, nota 11.

hasta su derogación en 2011—, cuya promulgación resulta perfectamente explicable, en la medida en que existían oportunidades de empleo en todas partes[50].

En la década de los 70 —en la que se producen las primeras ampliaciones de las Comunidades, y que estuvo marcada por una crisis económica brutal, por causa de la elevación en 1973 del precio del petróleo—, comienza el verdadero intervencionismo comunitario en asuntos laborales, marcado por una Resolución del Consejo de 21 enero 1974, aprobando un denominado «Programa de Acción Social», que se tradujo en lo siguiente: 1) la reactivación del Fondo Social Europeo, al efecto de que sirviese de soporte a las políticas nacionales de fomento del empleo; y 2) la promulgación de las primeras Directivas específicamente laborales, muchas de las cuales tenían que ver la con la situación de crisis que padecían entonces las empresas europeas (así, por ejemplo, la Directiva 75/129/CEE, del Consejo, de 17 febrero 1975, sobre despidos colectivos; o la Directiva 77/187/CEE, del Consejo, de 15 febrero 1977, sobre mantenimiento de los derechos de los trabajadores en caso de traspaso de empresas; o, ya a comienzos de la década inmediatamente siguiente, la Directiva 80/987/CEE, del Consejo, de 20 octubre 1980, sobre protección de los trabajadores en caso de insolvencia del empresario).

Sin embargo, inmediatamente después de nuestra adhesión, se produjo la primera gran reforma de los tres Tratados fundacionales, a través de la llamada **«Acta Única Europea»**, que entró en vigor en 1987. Desde un punto de vista estrictamente laboral, esta reforma se tradujo en añadir al Tratado CEE dos nuevos preceptos, relativos a lo siguiente: 1) según su nuevo artículo 100-A, para adoptar Directivas u otras normas laborales que afectasen a los derechos e intereses de los trabajadores, resultaba necesaria la «unanimidad» de los

---

50 Acerca de una entonces imprevisible manifestación de este tema, pero ya en el siglo actual, véase Xosé Manuel CARRIL VÁZQUEZ, «El matrimonio como "presupuesto" del derecho a la pensión de viudedad en la jurisprudencia del Tribunal de Justicia de las Comunidades Europeas», en Efrén BORRAJO DACRUZ (Director), *Nueva Sociedad y Derecho del Trabajo*, Ministerio de Trabajo y Asuntos Sociales-La Ley (Madrid, 2004), págs. 35 y ss.

entonces doce Estados miembros[51]; y 2) según su nuevo artículo 118-A, para aprobar Directivas en materia de seguridad y salud laboral —lo que hoy llamaríamos prevención de riesgos laborales— bastaba, en cambio, la «mayoría cualificada»[52]. Se trata de una distinción crucial, pues impidió justo a finales de la década de los años ochenta la aprobación de la llamada «Carta Comunitaria de los Derechos Sociales Fundamentales de los Trabajadores» —patrocinada sobre todo por los gobiernos socialistas que entonces había en Europa—, al votar en contra el Reino Unido.

En esta década, los Estados miembros con gobiernos socialistas —incluido el español— consideraban necesario profundizar en la «dimensión social» del mercado único interior proyectado por el «Acta Única Europea». El mecanismo de profundización en cuestión era precisamente la citada «Carta Comunitaria de los Derechos Sociales Fundamentales de los Trabajadores», que constaba de 12 grandes apartados («libre circulación»; «empleo y remuneración»; «mejora de las condiciones de vida y de trabajo»; «protección social»; «libertad de asociación y negociación colectiva»; «formación profesional»; «igualdad de trato entre hombres y mujeres»; «información, consulta y participación de los trabajadores»; «protección de la salud y seguridad en el trabajo»; «protección de niños y de los adolescentes»; «personas de edad avanzada»; y «minusválidos»). Pese a que España presidía las Comunidades durante el primer semestre de 1989, la aprobación de la «Carta» se pospuso al semestre siguiente, de presidencia francesa, pues Francia quería apuntarse el tanto. Pero en la reunión del Consejo Europeo celebrada en la ciudad francesa de Estrasburgo los días 8 y 9 diciembre 1989, sometida a votación la «Carta» no se logró la unanimidad de los entonces doce Estados miembros (unanimidad requerida, recuérdese, por el citado artículo 100-A). Ello se debió al voto en contra de la Primera Ministra inglesa, Sra. Margaret THAT-

---

51   *Cfr.* su apartado 2.
52   *Cfr.* su apartado 2.

CHER, que no era precisamente socialista.

El «principio de primacía» del Derecho comunitario frente a los ordenamientos nacionales de los Estados miembros, que tiene un carácter absoluto, fue establecido por Sentencia del Tribunal de Justicia de las Comunidades Europeas de 15 julio 1964 (asunto 6/64), en el llamado caso *Costa v.* ENEL.

Este principio impactó frontalmente sobre nuestro ordenamiento laboral, al decidirse una Sentencia del Tribunal de Justicia de las Comunidades Europeas de 26 septiembre 1996 (asunto C-362/98), condenando al Reino de España —a instancia de la Comisión— por no haber transpuesto dentro de plazo hasta seis Directivas en materia de seguridad y salud laboral, habiendo provocado esta denuncia contra España la apresurada promulgación —que no logró evitar la condena— de la Ley 31/1995, de 8 noviembre, de Prevención de Riesgos Laborales[53].

Tras varios años de marcadas diferencias entre los Estados miembros en asuntos sociales —evidenciadas en el Protocolo núm. 14, sobre «Política Social», del Tratado de Maastricht (o Tratado de la Unión Europea) de 1992[54], del que quedaba radicalmente desvinculado el Reino Unido—, la Unión Europea se restableció en materia de **política social** con la entrada en vigor del Tratado de Amsterdam de 1997[55], que laboralmente hablando supuso lo siguiente: 1) incorporar el contenido del citado Protocolo extravagante de 1992 a la versión consolidada del texto articulado del Tratado, de manera que la política social **vinculaba ya a todos los Estados miembros** (que eran desde 1995 quince, el Reino Unido incluido), con todas sus consecuencias (por ejemplo, la «mayoría cua-

---

53   Al respecto, véase Jesús MARTÍNEZ GIRÓN y Alberto ARUFE VARELA, *Fundamentos de Derecho comparado del Trabajo y de la Seguridad Social*, 3.ª ed., Atelier (Barcelona, 2023), pág. 149.

54   Sobre el tema, véase Francisco PÉREZ DE LOS COBOS ORIHUEL, *El derecho social comunitario en el Tratado de la Unión Europea*, Civitas (Madrid, 1994), págs. 73 y ss.

55   Sobre el tema, véase Jesús M.ª GALIANA MORENO, «Aspectos sociales del Tratado de Amsterdam», *Revista Española de Derecho del Trabajo*, núm. 88 (1998), págs. 195 y ss.

lificada» como regla general, para aprobar normas comunitarias laborales); y 2) incluir un nuevo título (sobre «Empleo»), sin precedentes, en la versión consolidada del texto articulado del Tratado[56], con el objetivo de obligar —mediante controles anuales— a todos los Estados miembros a crear nuevos empleos, para así alcanzar en el seno de la Unión Europea un «**alto nivel de empleo**»[57].

El citado Protocolo núm. 14, sobre «Política Social» —que marca, laboralmente hablando, toda la década de los 90—, suponía en sustancia lo siguiente: 1) era un acuerdo de tan sólo once países, del que quedaba radicalmente excluido Reino Unido[58]; 2) pretendía proseguir la vía trazada por la «Carta Comunitaria de los Derechos Sociales Fundamentales de los Trabajadores», acordando nuevas Directivas que regulasen los derechos reconocidos en ella[59]; y 3) invertía las reglas de aprobación de normas laborales fijadas en el Acta Única Europea, pues con él pasaba a ser la regla general la de la «mayoría cualificada» —al igual que en materia de seguridad y salud laboral—, reservándose la «unanimidad»[60] para sólo cinco cuestiones, aunque ciertamente bien importantes (seguridad social y protección social de los trabajadores, rescisión del contrato de trabajo, representación de los trabajadores, condiciones de empleo de nacionales de terceros países y fomento del empleo)[61].

La incorporación del Protocolo en cuestión a la versión consolidada del texto articulado del Tratado de la Unión sólo fue posible tras el cambio político habido en el Reino Unido, al acceder al gobierno los laboralistas del Sr. Blair. Este nuevo panorama obligó a modificar aquellas Directivas —aprobadas al amparo del Protocolo— que excluían de su ámbito de aplicación al Reino Unido, como en el caso, por ejemplo, de la Directiva

---

56 Artículos 125 a 129.
57 *Cfr.* su artículo 127.1
58 Véase el apartado 2 del Preámbulo del Protocolo.
59 Véase el párrafo 1.º del Preámbulo del Protocolo.
60 Véase punto 2.2 del «Acuerdo» del Protocolo, que remitía al artículo 189 C del Tratado constitutivo de la Comunidad Europea.
61 Véase punto 2.3 del «Acuerdo» del Protocolo.

94/45/CEE, del Consejo, de 22 septiembre 1994, sobre constitución de un comité de empresa europeo o de un procedimiento de información y consulta a los trabajadores en las empresas y grupos de empresas de dimensión comunitaria, luego modificada por la Directiva 97/74/CE, del Consejo, de 15 diciembre 1997, precisamente con el fin de que también se aplicase al Reino Unido[62].

En sustitución de la fracasada Carta Comunitaria de los Derechos Sociales Fundamentales de los Trabajadores, se proclamó en 2000 la nueva Carta de los Derechos Fundamentales de la Unión Europea.

El Tratado de Niza de 2001 resulta meramente continuista respecto del Tratado de Amsterdam de 1997 en materia de «política social», aunque rebaja de cinco a cuatro las materias (esto es, seguridad social y protección de los trabajadores, rescisión del contrato de trabajo, representación de los trabajadores y condiciones de empleo de nacionales de terceros países) en que se requiere la «unanimidad» de los Estados miembros (que pasaron a ser veinticinco, desde 1 de mayo 2004) para que la propia Unión pudiese legislar sobre ellas.

El intento simplificador del Derecho originario comunitario que pretendía llevar a cabo el «Tratado por el que se establece una Constitución para Europa», firmado en Roma el 29 octubre 2004 y ratificado por España (Ley Orgánica 1/2005, de 20 mayo), fracasó tras los referendos negativos de Francia y Holanda, celebrados en 2005[63].

---

62   También fue el caso de la Directiva 96/34/CE, del Consejo, de 3 junio 1996, relativa al acuerdo marco sobre el permiso parental celebrado por la UNICE, el CEEP y la CES (modificada por la Directiva 97/75/CE, del Consejo, de 15 diciembre 1997); de la Directiva 97/80/CE, del Consejo, de 15 diciembre 1997, relativa a la carga de la prueba en los casos de discriminación por razón de sexo (modificada por Directiva 98/52/CE, del Consejo, de 13 julio 1998); y de la Directiva 97/81/CE, del Consejo, de 15 diciembre 1997, relativa al acuerdo marco sobre el trabajo a tiempo parcial concluido por la UNICE, el CEEP y la CES (modificada por la Directiva 98/23/CE, de 27 abril).

63   Sobre dicha «constitución», véase Jesús Martínez Girón, «El contenido social del Tratado por el que se instituye una Constitución para Europa», *Actualidad Laboral*, núm. 18 (2004), págs. 2139 y ss.

ÍNDICE TÓPICO*

---

*   El primer número remite al Tema y el segundo número al epígrafe dentro de dicho Tema, de manera que 3-3 significa Tema 3, §3.

- Gremios
  » Aprendices: 2-3.
  » Decreto del Conde de Toreno: 4-3.
  » Exclusivismo: 2-3.
  » Liquidación: 2-3.
  » Maestros: 2-3.
  » Oficiales: 2-3.

- Huelgas
  » Criminalización durante el franquismo: 4-7.
  » Extinción del contrato de trabajo: 4-5.
  » Huelga general de 1917: 4-5.
  » Ley de 1909: 4-5.
  » Paro patronal o *lockout*: 4-5.
  » Real Decreto-ley 17/1977: 4-7.
  » Suspensión del contrato de trabajo: 4-6.

- Incorporación al Consejo de Europa
  » Ratificación de la Carta Social Europea: 5-4.
  » Ratificación del Convenio Europeo de Derechos Humanos: 5-4.

- Inspección de Trabajo
  - Creación: 3-2.

- Internacionalización del trabajo: 5-1.
  » Adhesión a la OIT: 5-2.
  » Convenio núm. 87 de 1948: 5-2.
  » Convenio núm. 98 de 1949: 5-2.
  » Franquismo y OIT: 5-2.
  » Sindicatos españoles y OIT: 5-2.

» Menestrales: 2-3.

» Proletarios: 4-3.

» Servicios mecánicos: 2-4.

- Tribunales industriales: 1-5.

» Competencia: 3-3.

» Ley de 1908: 1-5; 3-2.

» Ley de 1912: 3-2.

» Regulación en el Código del Trabajo: 3-3.